"Cuando era pequeña, soñaba con convertirme en una santa. Corría por la casa con una mezcla en mi cabeza, esperando que, si podía portarme bien, *un día* –entonces– *algún día* podría ser buena para recibir algo más. La verdad es que no resultó así. Desde entonces han pasado cincuenta años y mi primogénito, bolígrafo en mano, nos invita a adentrarnos en esta asombrosa vida del algo más. Él es un pensador y escritor más profundo que su mamá. Obviamente estoy orgullosa, pero es algo más que eso. En una época en la que tantos hombres jóvenes están deconstruyendo lo sagrado, Addison se ha adentrado en ello. El libro *Santos: Cómo llegar a ser más que 'cristianos'* me reta, me corrige y me alienta".

Lisa Bevere, autora de éxitos de ventas del *New York Times* y madre ridículamente orgullosa

"Lo único que puedo decir es '¡asombroso!' Esperaba una obra literaria excelente porque Addison ha sobresalido en el ámbito académico toda su vida. Pero este 'asombroso' se refiere a la profundidad del conocimiento, fortaleza de sabiduría y entusiasmo perceptivo que se encuentra en *Santos*. Prepárate, pues serás confrontado, alentado y retado. Es obvio que Dios le ha dado una voz a Addison; una voz que llama a todas las generaciones a un nivel más elevado de vivir. Como padre y compañero del ministerio, no podría estar más orgulloso".

John Bevere, autor de éxitos de ventas y cofundador de Messenger International

"Addison Bevere tiene una gran mente y un buen mensaje. Por medio de *Santos*, nos alienta a revestirnos de nuestra identidad como santos y a vivir en una relación con Jesús. *Santos* es una mirada auténtica a lo que puede ser la fe".

Bob Goff, autor de éxitos de ventas del *New York Times* de *El amor hace* y *A todos, siempre*

"A nuestras vidas les falta algo mientras viajamos por este mundo buscando sentirnos realizados. Sabemos que hemos sido creados para algo más que lo que podemos ver, gustar y tocar. De manera profunda y práctica, Addison Bevere nos señala a la única respuesta: Jesús. *Santos* es una llamada a mirar más allá de nosotros mismos y al Único que puede ofrecernos la buena vida".

Kyle Idleman, pastor principal de Southeast Christian Church y autor de *No soy fan* y *Don't Give Up*

"Addison ha hecho en *Santos* lo que todo autor se esfuerza por conseguir: combinar la excelencia literaria con un mensaje verdaderamente original. Su manera de escribir es rica en metáforas nuevas e ilustraciones creativas, y su manera divertida y casi conversacional de presentarlo hará que sigas pasando las páginas hasta llegar al final. Su habilidad de extraer un lenguaje nuevo y conocimiento para la iglesia, sin duda empoderarán a esta generación para convertirse en lo que todos hemos sido creados para ser: santos".

Cory Ausbury, artista y compositor de *Reckless Love*

"Leí con alegría el nuevo libro de Addison Bevere, *Santos,* y puedo decirte que está cargado de perspectivas acerca de convertirse en la persona que Dios quiere que seas. Este libro te retará, te pondrá a prueba y posiblemente te ofenderá en algunos momentos (como debería hacerlo todo buen libro), y te hará pensar diferente y ser diferente si actúas en base a lo que lees. *Santos* está en mi lista de los libros que recomendaría a mis amigos. Addison no es solo un autor brillante; también nos da un mensaje brillante que necesitamos en estos momentos".

Rick Renner, maestro de la Biblia, autor y fundador de Renner Ministries y Moscow Good News Church

"Cualquiera que esté preocupado por la salud espiritual de los mileniales recibirá consuelo al leer *Santos: Cómo llegar a ser más que "cristianos"*, de Addison Bevere. Con profundidad, humor, sabiduría y conocimiento de la Palabra de Dios, Addison está más que a la altura del legado de sus padres llenos de fe, John y Lisa Bevere. Mientras que la palabra *cristiano* significa muchas cosas diferentes para muchas personas, *Santos* nos llama a volver a seguir al único e inigualable: Jesucristo".

Chris Hodges, pastor principal de Church of the Highlands y autor de *The Daniel Dilemma* y *¿Qué sigue?*

"Realmente creo que los planes de Dios para cada uno de nosotros son mucho más grandes de lo que jamás pudiéramos pedir, esperar o imaginar. En *Santos: Cómo llegar a ser más que "cristianos"*, Addison te animará a dejar de luchar por la victoria y comenzar a vivir desde el destino victorioso que ya tenemos por medio de Jesús".

Christine Caine, autora de éxitos de ventas y fundadora de A21 y Propel Women

"Addison, así como toda la familia Bevere, han sido amigos cercanos y colegas por mucho tiempo. Me siento honrada de poder endosar el nuevo libro de Addison: *Santos*. Lo que escribe te retará, te sorprenderá y te bendecirá. Estoy impaciente por ver hasta dónde llegará este proyecto y qué puertas abrirá el Señor para que pueda avanzar: ¡el límite es el cielo!".

Havilah Cunnington, autora, ministra, y fundadora de Truth to Table Ministries

"Cuando comencé a leer *Santos,* de Addison Bevere, me di cuenta de que iba a tener que pensar más en profundidad acerca de mi relación con Dios. Este libro tiene un sabor de clásico, ¡y todos aquellos que quieran llevar a otro nivel su vida con Cristo deben leerlo!".

Dennis Rouse, pastor principal de Victory World Church y autor de *10*

"Addison Bevere tiene una voz única en esta generación. Su nuevo libro es una fuerza que debemos reconocer en un mundo que ha perdido su identidad".

Heather Lindsey, autora, oradora, y fundadora de Pinky Promise

"Todo cambia cuando pasas por este proceso paso a paso de convertirte en santo y explorar la singularidad y diferencia de Dios, y lo que eso significa para nuestras vidas. Cualquiera que lea este libro verá cómo su manera de pensar es transformada y será remodelado en base a su verdadera identidad espiritual".

Rabbi Brian Bileci, Simchat Yeshua Messianic Fellowship

"¡Sexo! ¡Éxito! ¡Fuente eterna de ingresos! Bueno, puede que *Santos* no trate estos temas vendibles, pero creo que te sorprenderás gratamente con lo que vas a encontrar. Para ser sincero, me preguntaba si este libro sería hiperespiritual. Ya sabes, con un enfoque tan celestial que parece no ser útil para las cosas de aquí en la tierra. ¡Estaba muy equivocado! Date un gusto con esta buena lectura. ¡Empodera tu vida con *Santos*!".

Justin Mayo, director ejecutivo de RedEye.org y YouthMentor.org

"Hoy en día, en un mundo que está tan obsesionado con el *statu quo* y la vanidad efímera, nos encontramos en medio de una crisis histórica de identidad. Gracias, Addison, por acallar el ruido de nuestra autoimagen culturalmente impuesta y enfocada en el yo y hacerte eco de lo que las Escrituras declaran a voces: ¡somos santos!"

Scott Lindsey, director ejecutivo de Faithlife (Logos Bible Software)

"En *Santos,* Addison Bevere invita de manera brillante a una generación que a menudo reduce el cristianismo a un código moral o un ritual religioso, a una experiencia mucho más convincente de conocer y seguir verdaderamente a Cristo. El poder de su llamado a vivir como santos está subrayado por la autenticidad de su propia búsqueda intensa de Dios y su pasión por la verdad. Me siento honrado de poder llamarlo amigo, y agradecido por este importante mensaje".

Dominic Russo, fundador de 1Nation1Day y Missions.Me

"Por medio de ilustraciones frescas y conocimiento bíblico, Addison abre nuestros ojos a la emoción de ser transformados por Dios. Lee *Santos* de principio a fin por tu propio bien, ¡y porque nuestra generación necesita desesperadamente ver a Jesús en nosotros!".

David Perkins, pastor principal de Radiant Church

Santos

CÓMO LLEGAR A SER MÁS QUE "CRISTIANOS"

ADDISON D. BEVERE

WHITAKER HOUSE Español

Traducción al español por:
Belmonte Traductores
Manuel de Falla, 2
28300 Aranjuez
Madrid, ESPAÑA
www.belmontetraductores.com

Edición: Ofelia Pérez

Santos: Cómo llegar a ser más que "cristianos"

ISBN: 978-1-64123-556-3
eBook ISBN: 978-1-64123-557-0
Impreso en los Estados Unidos de América

Whitaker House
1030 Hunt Valley Circle • New Kensington, PA 15068
www.whitakerhouseespanol.com

Por favor, envíe sugerencias sobre este libro a: comentarios@whitakerhouse.com.

1 2 3 4 5 6 7 8 9 10 11 27 26 25 24 23 22 21 20

Para Julianna

ÍNDICE

Prólogo por Mark Batterson 13

1. La buena vida 17
2. Santos 37
3. Espejito, espejito 53
4. ¿Temer o no temer? 75
5. Adentrándonos en el temor 103
6. La palabra con P***** 127
7. Adoración 147
8. El lenguaje del amor de Dios 169
9. De regreso a la vida 197
10. Gloria 219

Reconocimientos 239

Apéndice 241

Notas 243

Acerca del autor 251

PRÓLOGO

Si te pareces un poco a mí, cuando oyes la palabra *santo* probablemente piensas en cualquier otro menos tú. Nos imaginamos vidrieras que muestran a Pedro, Pablo o María. Pensamos en héroes de nuestros días como la Madre Teresa que parecen destacar sobre el resto de la humanidad. Sin embargo, la palabra *santo* es innatamente humana; cuenta la historia de personas tan dedicadas a la persona de Jesús que le sirvieron con todo su ser, con todo su corazón. La palabra *santo* tiene un historial muy arraigado dentro de la historia de la redención de Dios y la plenitud de vida que Él tiene para cada uno de nosotros. Un santo es alguien a quien un Salvador perfecto ha redimido y ha considerado digno.

La Biblia se refiere a todos los creyentes como santos; sin embargo, como cultura, nosotros no nos identificamos con ese término. En este libro, Addison Bevere trae este término arcaico al espacio moderno, a la vez que nos invita a reclamar y hacer nuestra la identidad de santos como seguidores de Jesús. La curiosidad y el asombro contagiosos de Addison te harán pensar en tu identidad en Cristo de una forma nueva. Afirma que la identidad de un santo no tiene que ver con cuán buena persona es cada uno, sino con Aquel que dio su vida por nosotros, que merece nuestra adoración, que nos ama en toda nuestra humanidad. *Santos* es un mandato a convertirnos en seguidores de Jesús más consagrados, alentándonos a ampliar nuestra visión de Dios y a rendir nuestra tendencia hacia la adoración al yo y el control. Al ampliar nuestra visión de Dios y permitir más espacio para el asombro y el misterio, experimentamos el mundo mediante la perspectiva divina de Dios; comenzamos a ver nuestra vida como momentos gloriosos de la gracia de Dios.

La búsqueda de Dios de Addison Bevere, auténtica y sincera, lo convierte en el autor perfecto de este mensaje. Addison modela la vida de un santo siguiendo las palabras y acciones de Jesús, demostrando que la devoción a Jesús es una aventura transformadora y gloriosa. El mensaje de *Santos* no tiene que ver con alcanzar la perfección, sino con caminar con Dios de manera íntima y auténtica a medida que sus planes para ti se cumplen plenamente en tu vida. Mediante su libro y su vida, Addison revela que la devoción a Dios no tiene que ver con una pérdida del yo, sino más bien con un verdadero entendimiento y pleno reconocimiento de la persona que Dios quiso que fueras cuando te creó.

Nuestra identidad en Cristo se trata de abrazar nuestro yo verdadero y completo, para que la gloria de Dios pueda revelarse a través de nosotros. Todo lo que no llegue a esto es falsa humildad, que está a la par del orgullo. Este libro te retará y despertará a alcanzar el llamamiento más alto que Dios ha puesto en tu vida. La santidad tiene que ver con una vida de humilde devoción y obediencia; se trata de la maravilla y la gloria que pueden encontrarse en cada momento de cada día al caminar con Dios.

A todos los santos que lean este libro,
gracia y paz para ustedes en Jesucristo.
Mark Batterson

LA BUENA VIDA

Maestro bueno, ¿qué tengo que hacer para experimentar vida? Ya sabes, la buena vida.
—Marcos 10:17
(paráfrasis del autor)

Recientemente encontré, escondida a plena vista, la fórmula secreta para escribir un libro que sea un éxito de ventas. Sí, estás leyendo bien. Mi descubrimiento creó una inyección de poder que apenas podía manejar. Me sentí como si supiera los números del boleto premiado de lotería incluso antes de que los boletos se hubieran puesto a la venta. Todo en mi vida estaba a punto de cambiar.

De acuerdo, quizá he exagerado un poco. No es bueno comenzar con una mentira, así que confieso que en realidad no encontré la receta secreta para publicar un libro que fuera un éxito de ventas, pero lo que sí descubrí es que muchos de los libros que son éxitos de ventas tienen tres cosas en común: tres características que indudablemente ayudan a que lleguen a la lista de los más vendidos y vacíen nuestras carteras. Como me encantan los libros, voy a compartir mis hallazgos contigo, solo por si algún día quisieras escribir un éxito de ventas.

Primero, usa un lenguaje provocativo en tu título; lo mejor es que incluyas alguna palabrota. Podría darte algunos ejemplos, pero creo que ya me entiendes.

Segundo, escribe un libro de autoayuda. Parece que a las personas les gusta aprender sobre sí mismos y encontrar formas de mejorar por sí mismos. ¡Qué raro!

Tercero, incluye algo sobre "la buena vida" en tu título o subtítulo. Esas tres palabras agrupadas, en ese orden, parecen tener un poder mágico. A fin de cuentas, ¿no es eso lo que todos queremos? La buena vida.

Si la buena vida pudiera transformarse en un producto, *todos* querrían un pedazo. No habría nada más rentable. ¿Te imaginas vender algo así? "Consigue tu buena vida y encuentra todo lo que la humanidad ha querido desde el comienzo de los tiempos. Adán la perdió. Platón no pudo encontrarla. Nietzsche hizo su mejor esfuerzo para expresarla con palabras. La buena vida se escapa entre los dedos, ¡pero hoy puedes tener la tuya a un precio de ganga!".

Esto puede sonar ridículo y absurdo, pero industrias (y religiones) enteras están construidas sobre nuestra insatisfacción con la vida. Los productos "que cambian tu vida" vuelan de las estanterías. Queremos la buena vida, y estamos dispuestos a pagar por ella. Gastaremos mucho dinero en cualquier cosa que nos dé, aunque solo sea una probadita de lo que deseamos (a las empresas de tarjetas de crédito les encanta esto).

El problema es que no fuimos creados solo para un pedacito de la buena vida; fuimos diseñados para disfrutarla en su totalidad. Y hasta que la vida llegue a las regiones más profundas de nuestro ser, nos sentiremos desilusionados, molestos y victimizados por el más reciente charlatán que nos traiga aparatos y artilugios para transformar nuestra vida.

Nuestra búsqueda de la buena vida nos ha llevado a la era de la información. Estamos reuniendo y agregando información a un ritmo sin precedentes, esperando que algún grupo de datos descifre el código y desbloquee el siguiente nivel de existencia humana. Pero hay demasiada información. Demasiados podcasts que escuchar, libros que leer, charlas TED que ver, conferencias a las que asistir, personas que conocer, fotos que tomar, experiencias que vivir. Con esta abundancia de información, ¿cómo podemos saber cuándo estamos yendo en la dirección correcta?

La próxima vez que estés buscando un libro en Internet o en una tienda, echa un vistazo a algunas de las estanterías de libros de autoayuda más vendidos. Encontrarás libros sobre organización, minimalismo (a mi esposa le encantan estos), ocupaciones, productividad, confianza, éxito, crianza de los hijos, trabajo en equipo, sexualidad, hacer dinero, administrar el dinero, invertir el dinero, imprimir dinero (ya te haces una idea).

Muchos de estos libros tienen una promesa. Si empiezas a hacer *esto*, tu vida cambiará para mejor. Un libro declarará que menos es la clave para la felicidad, ofreciendo formas infalibles de manejar tu frenético ritmo de vida y animándote a divorciarte de las ocupaciones para poder disfrutar de una vida tranquila, libre de la tiranía de la actividad incesante. Pero sus compañeros de estantería, que reúnen polvo a escasos centímetros de ellos, afirmarán que más es mejor, revelando trucos hasta ahora nunca oídos sobre cómo hacer más con menos tiempo, para poder lograr más con el tiempo libre que tienes.

Como seres humanos, somos como péndulos oscilantes crónicos. Nuestra vida se vuelve demasiado ocupada, así que nos dedicamos a buscar un equilibrio entre el trabajo y la vida. O nos encontramos complacientes y cómodos, así que buscamos incontables maneras de vigorizar nuestras vocaciones profesionales y actividades. Cada mes probamos una nueva dieta, una nueva técnica de planificación, una nueva app de productividad, un nuevo método de ser mejores padres, una nueva experiencia religiosa... la lista es interminable. Estamos persiguiendo algo que parece que nunca atraparemos. Buscamos algo que sea *distinto* a lo que hemos conocido.

Ahora bien, no me malentiendas. A mí me encanta aprender cosas nuevas y explorar herramientas estupendas. De vez en cuando adquiero alguno de esos productos que "cambian la vida", y algunos realmente ofrecen consejos y trucos que nos ayudan a gestionar nuestra vida, pero he descubierto que la mayoría de los productos sobrestiman su poder transformador. Pueden ayudarnos a manejar la vida, pero no pueden darnos vida, ni siquiera los mejores.

A pesar de su poder limitado, seguimos consumiendo libros de autoayuda, charlas TED, cursos, podcasts y un largo etcétera a un ritmo frenético. ¿Por qué? Porque queremos lo que prometen. Queremos comodidad, valor, un buen ritmo de vida, éxito, mejores relaciones, matrimonios buenos y niños que aporten a la sociedad. En otras palabras, queremos la buena vida. Queremos sentirnos vivos. Queremos estar vivos. Pero ¿podría ser que no estemos satisfechos con lo que hemos encontrado porque estamos persiguiendo sombras en vez de perseguir la vida para la que fuimos creados?

En lo más hondo, sabemos que estamos destinados a más, y eso nos vuelve locos.

MÁS EN LA VIDA

No importa cuánto logremos o experimentemos; siempre regresamos a esta sensación de que *tiene que haber algo más en la vida*. Y se nos ha dado una oportunidad mientras buscamos una respuesta. Podemos construir hacia arriba, manteniéndonos más ocupados mediante grandes hazañas o distracciones, o podemos profundizar más, explorando la parte espiritual de nuestra humanidad.

No hace falta ser un genio para darse cuenta de que la satisfacción no se encuentra en la conquista del mundo material. La abundancia y la riqueza no nos garantizan la felicidad; y, sin embargo, empleamos gran parte de nuestra vida siendo esclavos de nuestros dioses materiales.

La otra opción que tenemos es llegar a un lugar en el que reconocemos la existencia de algo mayor *dentro* de nosotros o *más allá* de nosotros, una fuente trascendente de la buena vida. Pero hay mucha confusión en el mundo espiritual, la tierra de la trascendencia. A medida que cavamos más hondo, descubrimos que la palabra *espiritual* se ha diluido para capturar diversas experiencias, creencias y religiones opuestas. Se ha utilizado para abusar de las mentes débiles y los corazones desesperados. Se ha distanciado de nuestras vidas materiales cotidianas y a menudo se ha relegado a reliquias, edificios santos o adornos efímeros.

Incluso entre cristianos, un grupo de gente que supuestamente representa casi un tercio de los humanos que llaman a este planeta su hogar, hay contienda sobre cómo deberían ser nuestras vidas espirituales o religiosas. Encontrarás incontables opiniones sobre cómo, en la práctica, nuestra espiritualidad debería dar forma a nuestra vida cotidiana.

Pero incluso en medio de nuestras diferencias, los cristianos estamos convencidos de que "la humanidad requiere una relación con Dios antes de poder ser ella misma".[1] En *A Guide for the Perplexed* (Un manual para los perplejos), E. F. Schumacher recordaba a los lectores que "los escolásticos solían decir: *Homo non proprie humanus sed superhumanus est,* que significa que, para ser propiamente humano, debemos ir más allá de lo meramente humano".[2]

Por lo tanto, ¿qué significa ir "más allá de lo meramente humano"? ¿Cómo sintonizamos con una nueva manera de vivir que encaje en nuestro deseo irreprensible de algo mayor que lo que hemos conocido? ¿Cómo encontramos una esperanza que nos infunda un propósito y una identidad que satisfagan nuestra alma?

Comenzamos sabiendo esto: fuimos creados para la bondad y la perfección. Por eso innovamos, progresamos y cambiamos. Pero si nuestro progreso pierde su propósito, canibaliza nuestra humanidad, dejándonos distraídos y desorientados. Si la innovación y el cambio no están supliendo nuestra necesidad de conectar, de pertenecer, de expresar, de amar, de sentirnos vivos, ¿cómo pueden satisfacer?

MUERTE POR VIDA

Jesús, el héroe de la narrativa espiritual más reconocida del mundo, nos ofrece un camino misteriosamente claro hacia la buena vida: "*Todo aquel que no toma su cruz y me sigue, no me merece. Si encuentras tu vida la perderás, y si pierdes tu vida por causa de mí la encontrarás*" (Mateo 10:38-39).[3]

Vamos a parafrasearlo: muere a tu yo, síguelo a Él, y en ese viaje de perder tu vida, encontrarás la vida para la que fuiste creado. A primera vista, las palabras de Jesús parecen duras y anti vida; quiero decir: ¿a qué viene toda esta charla sobre la muerte?

Pero Jesús no está siendo duro. Simplemente está exponiendo un hecho. Fuera de Él no hay vida, solo existencia. Fuimos hechos para la vida, la vida que Dios infunde. Hasta que experimentemos este tipo de vida y nos propongamos ir en su busca, nos encontraremos totalmente insatisfechos con el *statu quo*.

En el primer capítulo de Mateo encontramos una descripción clara del propósito de Jesús: Él nos salvará de nuestros pecados, guardándonos de "*perdernos el verdadero fin y propósito de la vida, que es Dios*".[4]

Con Cristo llega el milagroso regalo del nuevo nacimiento, de la nueva vida, un despertar de una vida de sombras. Aunque la humanidad fue hecha a imagen de Dios, durante el transcurso de nuestra existencia nos hemos deshecho incesantemente. En nuestra búsqueda de la vida, apartados de Dios, nos hemos despojado de la fuente de vida.

Pero Dios, el Padre bueno, rehusó dejar que nuestro error nos defina. En el mayor giro divino de acontecimientos imaginable, Él se hizo hombre para reclamar la vida y el propósito que la humanidad había rechazado. Jesús, el Hijo de Dios, totalmente hombre y totalmente Dios, sin comprometer su humanidad o su divinidad, ha despertado a nuestro mundo de su somnolencia y nos ofrece la oportunidad de encontrar la vida que hemos estado buscando.[5] Jesús dijo: "*Yo soy el pan de vida; el que a mí viene, nunca tendrá hambre*" (Juan 6:35).

Por más de treinta años, Jesús caminó por esta tierra como un ser humano, revelando la única forma de vivir la vida. Era una persona real. Viajó a ciudades reales y murió en una colina que tenía nombre, pero su tiempo en la tierra fue tan solo el comienzo. Su ejemplo fue un catalizador y no tuvo precedente, pero por sí solo no era suficiente. Si un mero modelo del bien y del mal pudiera provocar un cambio, su muerte habría sido en vano. Cuando murió, envió su Espíritu para enseñarnos las complejidades del arte de vivir. Por eso su Espíritu es el único que puede llenar nuestro vacío espiritual, ayudándonos a ser verdaderamente humanos.

¿QUÉ DEBO HACER?

Tú *sabes* que fuiste creado para más de lo que ves; Dios, a fin de cuentas, puso eternidad en nuestros corazones (ver Eclesiastés 3:1). Hay una grandeza en nuestro interior que no se puede negar. Por eso tenemos tantas ganas de encontrar una vida que trascienda la que conocemos ahora. Y aunque esta vida eterna está en nuestro interior, nos exige mirar más allá de nosotros mismos, admitiendo que estamos incompletos, algo que no es fácil de hacer. Al igual que Adán y Eva antes que nosotros, queremos ser como Dios, pero lejos de Dios. A ellos les daba terror la dependencia, y a nosotros también.

Veamos una de las conversaciones más famosas de Jesús sobre encontrar vida. Esta interacción fue tan memorable que se narró en Mateo 19, Marcos 10 y Lucas 18. Cada Evangelio capta diferentes facetas de la historia, así que en algunas partes he combinado los tres relatos.

Nuestra narrativa comienza con un joven entusiasta. Es rico y tiene un gran estatus. Es joven, rico y famoso. En otras palabras, está viviendo la buena vida. El Evangelio de Lucas nos da razones para creer que también era un oficial de la sinagoga, un miembro de la élite religiosa. Es evidente que este hombre era importante, y es probable que su fraternidad con alguien como Jesús fuera algo que entre sus colegas no se aconsejara.

Sin embargo, aquí lo encontramos en el polvo y de rodillas, en público, por cierto, rogándole a Jesús que le diera respuestas. El relato de Marcos también revela que corrió hacia Jesús. En la cultura judía, este acto de correr era vergonzoso e impropio de un hombre de su estatus. Claramente, este hombre estaba desesperado y dispuesto a desechar las demandas del decoro. Tras captar la atención de Jesús, implora: *"Maestro bueno, ¿qué bien haré para heredar la vida eterna?"*.[6]

Desglosemos esta pregunta. Primero, el joven rico (Richie, para acortar) honra a Jesús llamándolo maestro. También considera a Jesús un hombre bueno, así que apela a su bondad. Claramente, respeta a Jesús y cree que Él es capaz de darle la respuesta que busca. De lo contrario, Richie no arriesgaría su dignidad. Recordemos que esto es algo arriesgado para alguien de la talla de Richie. Jesús es, al fin y al cabo, un hombre sin estudios, un modesto carpintero.

Segundo, observemos que Richie cree que la vida eterna se puede obtener mediante un acto de bondad, y más específicamente, un acto de bondad hecho por él.

Tercero, veamos quién es el héroe. En base a cómo Richie posiciona su pregunta, él, cuando descubra la verdad, sería el héroe, el que enderezaría el barco. Jesús, el maestro, le señalaría la dirección correcta, pero Richie tendría que hacer todo el trabajo pesado.

Cuarto, este hombre está buscando la vida eterna, algo que no ha conseguido, pero que desea grandemente. Richie, como todos nosotros, tiene una insatisfacción innata con la vida que ha conocido. Creo que su deseo era experimentar cualidades de lo eterno en lo temporal. Como judío educado del primer siglo, estaría muy familiarizado con la promesa del Mesías de Dios y el reino eterno, un reino marcado por la paz, la integridad y la prosperidad.

Con eso en mente, veamos cómo responde Jesús ante tal noble petición de este hombre distinguido: "*¿Por qué me llamas bueno? Ninguno hay bueno, sino solo uno, Dios. Mas si quieres entrar en la vida, guarda los mandamientos*".[7]

Siempre me ha desconcertado la respuesta de Jesús. Parece que Jesús está diciendo que Él, el Hijo de Dios, no es bueno. Pero ¿no es Jesús uno con el Padre? Entonces, si el Padre es bueno, ¿no debía Jesús ser bueno también? Y si Jesús y el Padre son uno, ¿acaso la respuesta de Jesús no induce a error, en el mejor de los casos, y es una mentira en el peor?

Volvamos a considerar la historia respondiendo a esta pregunta: ¿Está Richie apelando a la bondad de la humanidad de Jesús o a la bondad de su divinidad? Richie ve a Jesús como meramente humano, así que Jesús responde como cualquier ser humano debería hacerlo: "Nadie es bueno, sino solo Dios". Sí, Jesús era y es tanto Dios como hombre, pero Richie vio solamente humanidad. Estoy seguro de que Richie habría recibido una respuesta distinta si hubiera apelado a la divinidad de Jesús. Tal y como fue, Richie no estaba buscando un Dios que lo salvara, sino un hombre que le enseñara.

Así que Jesús juega al juego de Richie. Richie quiere usar su bondad para acceder a la vida, y Jesús se lo consiente citando la buena ley: "*No adulteres. No mates. No hurtes. No digas falso testimonio. No defraudes. Honra a tu padre y a tu madre, y amarás a tu prójimo como a ti mismo*".[8]

Observemos que Jesús identifica solamente conductas, aquellas que son evidentes para otros. No habla de la condición del corazón de Richie. Tampoco hace referencia alguna a los mandamientos verticales, los que cubren nuestra relación con Dios.

Las siguientes palabras de Richie revelan que su propia bondad percibida era el dios de su corazón, un ídolo del que extraía fortaleza. Ahora vemos que Richie intentaba usar su bondad para salvarse a sí mismo de la futilidad y el vacío que produce la vida sin el Espíritu de Dios. Él dice: "*Maestro, todo esto lo he guardado desde mi juventud. ¿Qué más me falta?*".[9]

Ahora vemos tanto la frustración como el desdén en la respuesta de Richie. Está frustrado porque Jesús no le está dando nada nuevo. Es desdeñoso porque Jesús le da instrucciones que aparentemente dominaba desde que era niño.

Esta es la pregunta importante que nosotros mismos debemos hacernos: ¿Por qué no le alivió a Richie la respuesta de Jesús? Si hubiera seguido el consejo de Jesús, entonces todo quedaba zanjado. Él había guardado la ley. Según lo que dijo Jesús, la vida eterna era suya, ¿no es cierto?

Pero Richie sabía que había algo más. Había dominado la bondad humana, pero eso no le había hecho ser bueno. No le había hecho perfeccionar su alma. En lo más hondo de su ser, él sabía que estaba perdido. Sabía que no estaba experimentando la vida prometida. Batallaba contra el vacío y la falta de propósito. Richie había llegado a la cima de la montaña de la perfección humana y había descubierto que no era la gran cosa. También pudo sentir que lo único que había conseguido con su ascenso era ser consciente de una ascensión infinitamente mayor que aún tenía por delante, una que le exigiría algo nuevo, algo diferente; algo distinto a lo que él había sido y lo que había estado haciendo desde que era un niño. Pero Jesús no le estaba dando lo que necesitaba para escalar esa gran montaña de la bondad, y Richie no se podía deshacer de esa sensación de que aún le faltaba algo.

¿Cómo responde Jesús a la frustración de Richie? Con amor. Jesús lo ama hablando el lenguaje del cielo en palabras que Richie puede entender: "*Si quieres ser perfecto, anda, vende lo que tienes, y dalo a los pobres, y tendrás tesoro en el cielo; y ven y sígueme*".[10]

A Richie le apena la respuesta de Jesús, pero creo que lo vio venir. Jesús señaló una falta de bondad que nuestro amigo había sido capaz de esconder. Sí, Richie quería experimentar vida eterna, pero no podía separarse él mismo de las comodidades de su posición actual. Renunciar a sus bienes sería apartarlo de su identidad. En ese entonces, uno no tenía estatus si no tenía riquezas. La riqueza de Richie y sus posesiones le hacían parecer bueno ante los ojos de otros. Él seguía siendo el héroe de esta historia, así que necesitaba parecer bueno, y ¿qué bien hay en un hombre que no tiene nada?

Jesús lo llevó al borde de la muerte, la muerte del yo, y le ofreció un boleto de entrada a la vida perfecta, la buena vida. Pero el hombre no pudo aceptar el boleto; no pudo recibir la entrada porque venía de parte de otro. Él quería ser el amo de su destino, el otorgante de su bondad y el príncipe de su perfección. No estaba buscando un Señor y Salvador; buscaba un buen maestro. Así que *"oyendo el joven esta palabra, se fue triste, porque tenía muchas posesiones"*.[11]

¿Cómo pudo dejar Jesús que este hombre se fuera? ¿No era un candidato ideal para edificar el reino de Dios? ¿No tenía un gran estatus y recursos que podían usarse para impactar vidas para el evangelio? Es cierto que estaba un poco lleno de sí mismo y también muy apegado a las cosas, pero Jesús podía enderezar a nuestro amigo rico, ¿verdad?

Todos quedaron asombrados, incluidos sus discípulos. Probablemente se compararon con Richie y se dieron cuenta de que tampoco daban la talla. Recordemos que estos eran los tipos que competían constantemente por ser el mayor. Me imagino a Pedro sintiéndose amenazado cuando Jesús invitó a Richie a seguirlo. Este hombre parecía tenerlo todo a su favor: riqueza, bondad, estatus, pasión; pero se marchó por su imperfección.

Cuando Richie entró en escena, los discípulos habían cometido ya muchos errores, y Jesús no fue reticente a la hora de mostrárselos. Estos tipos eran un caos. Por eso, cuando despachó a Richie, los discípulos preguntaron a Jesús: *"¿Quién, pues, podrá ser salvo?"* (Mateo 19:25). En otras palabras: "Este tipo era más perfecto que cualquiera de nosotros. ¿Acaso nosotros no heredaremos la vida eterna?".

Jesús les responde: *"Para los hombres esto es imposible; mas para Dios todo es posible"* (v. 26).

No se puede acceder a la vida eterna mediante nuestra bondad sino recibiendo la bondad de Dios. Por muy buenos que podamos llegar a ser, no podemos convertirnos en aquello para lo que fuimos creados. Y no experimentaremos la buena vida que todos queremos hasta que bebamos de su fuente. Probablemente, Richie se fue a su casa, a su riqueza, posesiones y estatus, solo para darse cuenta de que había probado la vida y la había rechazado.

EL PUNTO ANTES DEL PUNTO

Algunas personas creen erróneamente que la historia del joven rico tiene que ver con deshacerse de la riqueza o los bienes materiales. Pero este es el punto: las posesiones son meramente herramientas. No son inherentemente buenas ni inherentemente malas.

Lo que Jesús quería que hiciera Richie era seguirlo a Él. Vender sus posesiones era tan solo el punto antes del punto. Jesús sabía que la única manera de que este hombre descubriera la buena vida era siguiéndole y aprendiendo los matices y sutilezas sobrenaturales de la vida de Dios, la vida que abandona todo para tener lo único que vale la pena tener. Las posesiones de Richie lo estaban reteniendo; Jesús le ofreció libertad de su control.

Tengamos en mente que Jesús no exigió a todos sus seguidores que vendieran todo lo que tenían y dieran sus posesiones a los pobres. Tras la muerte de Jesús, uno de sus discípulos, José de Arimatea, consiguió una audiencia con Pilato, el gobernador romano de Judea. José pudo convencer a Pilato para que le dejara enterrar el cuerpo de Jesús en su propio sepulcro. No tengo duda de que pagó mucho dinero por el cuerpo de Jesús. De hecho, la Biblia llama a José *"un hombre rico"* (Mateo 27:57).

El punto es que las posesiones no pueden ni dar la vida ni quitarla. Son productos de la vida, no la vida en sí misma.

Todos tenemos cosas antes del punto: cosas que nos impiden experimentar lo que nos hace cobrar vida; cosas que nos impiden intercambiar nuestra vida por lo más importante; cosas que nos impiden seguir a Jesús y aprender de Él. Para encontrar vida, tienes que poner en su debido lugar las cosas como tu carrera profesional, familia, dinero, sueños, éxito y relaciones. Estas cosas, aunque son buenas, no pueden llevarte donde quieres ir. Sin embargo, viajan muy bien a las espaldas de algo mayor.

CRIMINAL

Un ladrón, llamémoslo Criminal, se encuentra a las puertas de la muerte. Toda una vida de dolor y decepción aparece en la pantalla de su mente. Ha malgastado su vida delinquiendo y ahora ha sido declarado indigno de vivir.

Por el rabillo del ojo divisa una salida para su angustia. Desesperado por atenuar su dolor, lanza insultos a un tipo llamado Jesús, el "Rey de reyes".[12] Me imagino a Criminal pensando: *Es cierto que yo soy un criminal, pero al menos no finjo ser el Hijo de Dios. Este Jesús es incluso peor que yo.*

Pero entonces ocurre algo. Criminal ve a Jesús hacer algo que no había visto nunca antes. Ve al Hijo de Dios suplicando el perdón para sus acusadores, incluso mientras le lanzan insultos y le infligen un dolor insoportable. En un instante, los ojos de Criminal se abren; lo que está viendo está por encima de lo humano.

Criminal se da cuenta de que tiene un asiento en primera fila en la ejecución de la Vida misma.

Los seguidores de Jesús se han escondido de la cruz. Bien por temor o por dolor, no pueden soportar ver asesinado a su Mesías. Pero Criminal no tiene opción. Su proximidad lo sitúa en medio de la agonía de una gloria grotesca. Me lo imagino, a pesar de su dolor, quedándose embelesado con el Santo. Pero entonces despierta de su laberinto. *¿Qué son estos nuevos insultos que oigo?*, piensa. Mira para ver al otro criminal aun mofándose del Hijo de Dios. Y este criminal no solo se burla de Jesús; también se está burlando de su poder para salvar: la razón misma por la que Jesús está en la cruz.

Me encanta la indignación de Criminal:

> *¿Ni aun temes tú a Dios, estando en la misma condenación? Nosotros, a la verdad, justamente padecemos, porque recibimos lo que merecieron nuestros hechos; mas éste ningún mal hizo. Y dijo a Jesús: Acuérdate de mí cuando vengas en tu reino.* (Lucas 23:40-42)

Estos son los momentos finales de este hombre. La vida pronto abandonará su cuerpo; sin embargo, lo vemos dando su último aliento para defender la inocencia y pedir perdón. Criminal se ha convertido en un hombre nuevo; y a las puertas de la muerte ha encontrado una vida nueva, una vida que puede incluso vigorizar su muerte.

¿Cómo responderá Jesús al canto de cisne de Criminal? ¿Cómo responderá a este clamor desesperado del hombre que no merecía vivir? Jesús le dice: *"De cierto te digo que hoy estarás conmigo en el paraíso"* (v. 43).

Criminal, al igual que el joven rico, buscaba el camino a la vida eterna, pero Criminal no tenía ninguna bondad a la que aferrarse. No buscaba un buen maestro. Sabía que necesitaba un Salvador. Dos hombres, una búsqueda, dos respuestas muy distintas.

Muchos de nosotros nos perdemos la vida porque buscamos una versión mejor de lo que hemos conocido. Pero la buena vida que todos deseamos es paradójica (la muerte para encontrar vida) y va más allá de la sabiduría de este mundo. Y esta es la razón: Dios no está interesado solamente en darnos una vida mejor. Él no es un gurú de autoayuda que busca dinero rápido de nuestra mejora nominal. Dios está interesado en una transformación duradera, holística, por causa de la vocación eterna. Nos ha dado un llamamiento, una identidad y una comunidad que trascienden el aquí y el ahora. Nuestra alma anhela esta nueva forma de vivir. Es demasiado espaciosa para las llenuras temporales de nuestro mundo. Hay una nueva vida que solo se encuentra en el despertar de nuestro "Verdadero Yo".

Por eso la buena vida no es *algo* que tú encuentras; es *alguien* que tú llegas a ser.

Y comienza aquí, ahora. Esta nueva vida dignifica el tiempo, el espacio y la materia, prendiéndolas con propósito. A Dios le encanta nuestro mundo material. Él lo llama bueno. Él celebra nuestros avances en medicina, ciencia, enseñanza y demás, pero hay más que lo que podemos construir con nuestras manos; y en el descubrimiento de este *más*, nuestro Verdadero Yo cobra vida con esperanza, promesa y propósito.

En los brazos de esta nueva vida encontrarás el poder y la perspectiva para elevarte por encima de las limitaciones de tu mundo actual y sus ideas de bondad. Mediante el poder del Espíritu eterno de Dios puedes llegar a ser un santo: alguien cuya vida está marcada por una esperanza y un propósito que dejan atónitos a nuestro mundo y señalan a los demás hacia Aquel que es vida.

Pero esto es lo importante: no encontraremos la buena vida hasta que dejemos de lado nuestras ideas de bondad. Paradójicamente, una vez que rechazamos nuestra comprensión de lo que es la buena vida, nos encontramos superados por una nueva vida. Al rendirnos a la magnitud de esta nueva forma de ser, perdiendo nuestra pequeñez en la grandeza de Dios, nos convertiremos en personas que participan en el misterio de la vida.

Nos convertiremos en *Santos*.

SANTOS

Dios crea de la nada...
Pero hace algo aún más maravilloso:
hace santos de pecadores.
–Soren Kierkegaard

Este libro no es una historia de los santos canonizados de antaño. Si estás buscando un libro así, me disculpo por los inconvenientes causados y no me ofenderé si decides devolver este libro al lugar de donde vino. Sin embargo, creo que si trabajamos juntos podemos soplar nueva vida sobre un término antiguo, dándole su debida relevancia y poder en nuestra búsqueda de vida.

A primera vista quizá hayas luchado con el subtítulo de este libro: *Cómo llegar a ser más que "cristianos"*. Por favor, entiende que no estoy haciendo campaña contra el término *cristiano*. A decir verdad, no es un mal identificador; pero se ha vuelto demasiado familiar, demasiado barato. "Jesús" y "Cristo" son ubicuos en la conversación, y no siempre en un buen sentido. Como occidentales, todos somos más o menos cristianos culturales, especialmente en los apartados conservadores de la sociedad; pero la identidad colectiva del *cristiano* se ha homogeneizado y convertido en algo semejante a la mezcolanza irreconocible de alimentos que sirven en la escuela en los platos de niños aterrados. La comida es "inclusiva", porque se alega que contiene todos los elementos nutritivos, pero le falta forma y definición porque está hecha de miles de sobras combinadas, y a la vez no es nada. Tristemente, el término *cristiano* sufre la misma suerte. Sugiero mirar a otro lado para encontrar un término que capte el misterio de nuestra nueva vida en Cristo, nuestro Verdadero Yo prometido.

Mientras que el identificador *cristiano* se usa solo tres veces en el Nuevo Testamento, *hagios*, traducido como "santos", se usa más de sesenta veces. Según el diccionario *Harper Collins Bible Dictionary*, *hagios* "se refiere a aquellos cuya relación con Dios se mantiene mediante la fe en Jesucristo".[1] A primera vista, esta definición no parece nada distinta de lo que llamaríamos un cristiano. En base a esta definición precisa (aunque incompleta), toda persona que tiene una relación con Dios mediante la fe en Jesucristo es un santo. No tienes que nacer con estrellas sobre tu cuna, pues todos estamos invitados a disfrutar de esta relación siempre en desarrollo, empoderada por la fe, con Aquel que es vida.

Esta invitación a ser un santo era una parte vital del lenguaje e identidad de la iglesia primitiva. Por eso Pablo a menudo comienza sus cartas dirigiéndose a su audiencia como santos.

> *A todos los que estáis en Roma, amados de Dios, llamados a ser santos.* (Romanos 1:7)

> *A los santificados en Cristo Jesús, llamados a ser santos con todos los que en cualquier lugar invocan el nombre de nuestro Señor Jesucristo.* (1 Corintios 1:2)

> *A los santos y fieles hermanos en Cristo que están en Colosas.* (Colosenses 1:2)

Examinando solamente estos tres versículos podemos presuponer con certeza que todos somos llamados a ser santos. Y cuando Dios nos llama a hacer algo o convertirnos en algo, Él provee los medios. Como cualquier buen padre, Dios no disfruta viéndonos avanzar a tropezones, sino que nos da espacio y oportunidad para aprender y crecer. Lo que nos deja perplejos es que podamos colaborar con Dios mientras descubrimos las profundidades de sus planes para nosotros. Estos versículos también nos muestran que la muerte no es un requisito previo para la santidad. No solo podemos convertirnos en santos en esta vida, sino que también se espera que aceptemos esta identidad y llevemos su correspondiente realidad a este mundo.

Aunque me gusta la definición que da el *Diccionario Bíblico Harper Collins*, no soy muy fan del uso de la palabra *mantiene*: "Se refiere a aquellos cuya relación con Dios se mantiene mediante la fe en Jesucristo".

Una relación no puede mantenerse mediante la fe. Creo que "crece" o "aumenta" o "despierta" debería reemplazar a "mantiene"; básicamente, busco una palabra expansiva. Después de todo, la vida no debería tratarse de mantenimiento, sino de expansión. Una perspectiva estrecha de este viaje en Cristo, entender nuestro Verdadero Yo, es la responsable de la falta de imaginación y transformación que se encuentra en el cristianismo de hoy. Yo he descubierto que ciertamente eso es verdad en mi propia vida.

La definición básica de *hagios* es una relación personal con Dios mediante la fe en su Hijo Jesucristo. No hay nada de malo en esa definición principal. No podemos experimentar la vida que Dios tiene para nosotros sin antes reconocer y aceptar este fundamento. Pero ser un santo es más que eso.

El diccionario *Tyndale Bible Dictionary* añade que santos "son las personas del siglo venidero".[2] En otras palabras, *un santo es alguien que trae una realidad futura al presente*. Ellos trascienden los problemas y limitaciones de lo temporal, aceptando y asociándose con lo eterno. Encuentran elementos de la vida prometida de la era venidera de Dios (la era en la que Dios es conocido y visto por todos), y colaborando con el Espíritu de Dios, llevan evidencia de esa era a los verdaderos problemas y oportunidades de nuestro mundo actual.

Los santos no son personas que se escapan del mundo real, viviendo despegados de las luchas de la vida. Convertirse en santo es convertirse en alguien profundamente humano. Es sumergirse en el diseño original de Dios para la humanidad. Es sentir lo que Dios siente por este mundo, empoderándonos para alinear nuestras acciones con su corazón. Es abrazar la naturaleza de Dios y entrar en la plenitud de la realidad de nuestra nueva creación. El Hijo de Dios se hizo hombre para que los hombres y las mujeres fueran hijos e hijas de Dios,[3] y los santos han conseguido ver un destello de lo que son en Cristo. Poseen una esperanza y una confianza en la promesa de Dios para hacer todas las cosas nuevas y trabajar deliberadamente con su Espíritu para traer esa realidad futura al presente.

Antes de la muerte de Jesús, la evidencia de la realidad del cielo, la máxima realidad futura, estaba limitada en su mayoría al templo, y solo los sacerdotes podían acceder a lo que era entonces un microcosmos del cielo en la tierra.

Pero ahora el pueblo de Dios, sus santos, son su templo. A cada lugar donde vamos, podemos llevar con nosotros la realidad del cielo: "*¿No sabéis que sois templo de Dios, y que el Espíritu de Dios mora en vosotros?... el templo de Dios, el cual sois vosotros, santo es*" (1 Corintios 3:16-17).

Cuando despertamos a la obra del Espíritu en nuestra vida, creamos lugares delgados, sitios en los que el velo entre las dos dimensiones, cielo y tierra es increíblemente fino. Sitios en los que la Palabra de Dios inapelable se hace evidente en nuestro mundo. Nuestra oración "*como en el cielo, así también en la tierra*" se convierte en una realidad.

Cuando hago referencia al cielo, por favor no pienses solo en una ciudad celestial. Nosotros, como santos, podemos experimentar muchas de las realidades del cielo: paz, gozo, unidad, perdón, amor, misericordia, integridad, justicia, etc., en nuestra vida presente, revelando el cielo a un mundo desesperado por algo más.

El cielo es, sin duda, un lugar real en una dimensión diferente. No estoy diciendo que no lo sea. Jesús le dijo a Criminal que en ese día estaría con Él en el paraíso, pero el plan de Dios siempre ha sido traer el cielo a la tierra. Esa es la meta final según lo revela la Escritura. Y nuestras vidas, vigorizadas aquí y ahora por el poder del Espíritu, son parte de la promesa de que Dios está haciendo nuevas todas las cosas (ver Apocalipsis 21:5).

HUEVOS VERDES Y DIOS

> *Porque por gracia sois salvos por medio de la fe; y esto no de vosotros, pues es don de Dios.* (Efesios 2:8)

A mis hijos (tengo cuatro) les encanta el libro *Huevos verdes con jamón,* del Dr. Seuss. Incluso ahora es uno de los favoritos en nuestro hogar. Mi hijo Asher solía pedirme que se lo leyera cada noche. Lo leí tantas veces que, en cierto punto, llegué a memorizar todas las palabras. Estoy a punto de hacer un trabajo exegético serio ahora, así que no puedo suponer que tú hayas leído este clásico. Este es un breve resumen para los que no lo hayan leído o necesiten refrescar la memoria.

El libro tiene dos personajes principales: Sam y Guy. Su viaje comienza con Sam preguntándole a Guy si le gustan los huevos verdes y el jamón. Guy niega vehementemente cualquier deseo de probar esa desagradable comida, pero Sam no se desanima. Rápidamente propone que un cambio de escenario podría cambiar la opinión de Guy acerca de la exquisitez verde.

Cada cierta página surge un nuevo escenario. Los encontrarás en una casa, con un zorro, en un tren, bajo la lluvia, en un barco, y finalmente en una gran masa de agua. Pero a pesar de la insistencia de Sam, Guy mantiene su negativa a probar la comida. Finalmente, tras ver que casi se está ahogando, Guy accede a probar la comida tan solo para quitarse de encima a Sam. A fin de cuentas, ahora este asunto se ha convertido en cuestión de vida o muerte.

Para su sorpresa, Guy termina amando los huevos verdes y el jamón, y pasa el resto del libro diciéndole a Sam que los comerá en todos los lugares en los que previamente dijo que no lo haría. Y ese es el libro (dato divertido: el libro usa solo cincuenta palabras diferentes porque el Dr. Seuss quería ganar una apuesta con su editor).

Una noche, después de leer esta sencilla narrativa otra vez, Dios me mostró algo que ha cambiado mi vida para siempre.

Mientras oraba por mis hijos y los metía en la cama, Dios susurró esto en mi espíritu: *Me parezco mucho a Sam*. Al principio no lo entendí; pero tras meditarlo un poco, pensé que sabía lo que Dios estaba intentando decirme. "Sí", susurré, "eres como Sam en cuanto a que sigues ofreciéndole tu regalo de salvación a la humanidad a pesar de su falta de interés".

Pude sentir que mi idea no iba desencaminada, pero sabía que estaba incompleta; por lo tanto, le pedí a Dios que me mostrara lo que me faltaba. Enseguida me reveló que Guy no es un símbolo del mundo sino un símbolo para mí. Me mostró que el regalo de la salvación es el regalo más maravillosamente multifacético que jamás se haya dado. Sin embargo, yo he rehusado abrir muchas de sus facetas que me parecen extrañas o que no necesariamente encajan con mi estilo.

Entonces me mostró que Él usa cambios de escenario en mi vida para captar mi atención y cambiar mi perspectiva. En ese momento, fui profundamente consciente de la paciencia de Dios. A pesar de mi ignorancia y resistencia, Él sigue dándome fielmente oportunidades de entender y recibir el alcance de su poder salvador.

Me tenía enganchado.

Quería saber más sobre este regalo de la salvación. No quería limitarlo al consuelo en la otra vida o a la vida libre de condenación en el presente, sino que quería saber más sobre lo que significaba ser salvo por gracia mediante la fe.

La única forma en que podemos experimentar la vida que todos anhelamos, la vida que está entretejida en el tejido de nuestro ser es volver a imaginar lo que significa ser salvo mediante la fe.

SOLA GRATIA

> [El] *evangelio, que ha llegado hasta vosotros, así como a todo el mundo... lleva fruto y crece también en vosotros, desde el día que oísteis y conocisteis la gracia de Dios en verdad...* (Colosenses 1:5-6)

Gracia. Nos encanta hablar, cantar, y escribir acerca de la gracia. Es milagrosa. La gracia hace lo que nosotros nunca podríamos hacer. La gracia llega hasta donde nunca podríamos llegar.

En los últimos diez o quince años han resurgido las enseñanzas sobre la gracia. Estas enseñanzas han ayudado a muchas personas a superar la condenación y la vergüenza del pasado, lo cual es bueno. Recuerdo que cuando era pequeño sentía que necesitaba ser salvo cada vez que iba a la iglesia. Los mensajes eran duros, y creo que los predicadores medían el éxito basándose en el número de personas que volvían a dedicar sus vidas durante el servicio. Me marchaba de la mayoría de los servicios creyendo que Dios buscaba constantemente una razón para enviarme al infierno.

De hecho, cuando tenía ocho o nueve años comencé a tener terror de la posibilidad de convertirme en el anticristo cuando fuera mayor. Puede parecer un temor ridículo, pero para mí era real.

Casi todas las veces que veía la tele a escondidas de mis padres (no nos dejaban ver mucha televisión), llegaba a algún programa o película que incluía exorcismo o adoración al diablo. Pensaba que tal vez esa era la manera en que el diablo sorteaba la protección angelical de mis padres para hacerme llegar mensajes e instrucciones codificadas. Cambiaba rápidamente de canal, pero las imágenes no se iban de mi mente. Y también está el hecho de que el número seis se repite tres veces en mi fecha de nacimiento, y todo el mundo sabe que ese es el número del diablo.

La combinación de los mensajes que infundían temor, los programas demoniacos y los números en mi partida de nacimiento creaban la atmósfera perfecta para mis pesadillas incesantes. En cierto momento, finalmente le conté a mi mamá mi temor secreto porque no podía aguantar los terrores nocturnos.

Seguramente mi mamá tuvo que hacer un esfuerzo por no reírse, pero de algún modo mantuvo la seriedad y me informó rápidamente de que en su fecha de nacimiento también se repite el número 6 tres veces. Por un segundo consideré las probabilidades de que ella fuera el anticristo (lo siento, mamá), pero rápidamente deseché aquella idea.

Mi mamá también me explicó que el simple hecho de que yo no quisiera ser el anticristo era una señal obvia de que no era el elegido y maldito. Me tomó un tiempo, pero finalmente pude ver las cosas como ella las veía.

Obviamente, esa no era una forma saludable de verme a mí mismo o a Dios. Nuestro Padre celestial no quiere que vivamos en temor. De hecho, el mandamiento que más se repite en la Escritura es "no temas". Dios quiere que vivamos con valentía y fe, esperando lo mejor que Él tiene para nuestras vidas. Se nos dice que nos acerquemos a su trono, el trono de la gracia, con confianza. Y no es por algo que hayamos hecho sino por quién es Él. Somos dignos de recibir su gracia por lo que Jesús hizo; nuestra dignidad se deriva de la de Él. "*Acerquémonos, pues, confiadamente al trono de la gracia, para alcanzar misericordia y hallar gracia para el oportuno socorro*" (Hebreos 4:16).

Dios no está intentando esconder la gracia de nosotros; quiere abrumarnos con ella. Como dice el Evangelio de Juan: *"Porque de su plenitud tomamos todos, y gracia sobre gracia"* (1:16). Gracia sobre gracia. Hablamos de gracia multiplicada. La gracia trascendente de Dios está a tu disposición sin límites. Cuando lees el Nuevo Testamento te das cuenta de que la mayoría de las cartas comienzan con una bendición de gracia. Pedro incluso escribe: *"Gracia y paz os sean multiplicadas"* (1 Pedro 1:2). La gracia es algo bueno, y viene de un Padre bueno.

Puede que hayas oído comentar a personas que existen demasiadas enseñanzas sobre la gracia en la iglesia actualmente, y que este desequilibrio da a las personas una licencia para pecar sin sentirse mal. He oído a algunas personas referirse a estos maestros que enseñan sobre la gracia y a sus enseñanzas como hipergracia o gracia extrema.

La verdad es que ni nos hemos acercado a la naturaleza extrema de la gracia. Las palabras *hiper* y *extremo* implican una medida que es mayor que la realidad. Si la gracia emana de la plenitud de Dios, entonces no hay forma de que pudiéramos llegar a lo más profundo de ella. Necesitamos más enseñanza sobre la gracia de Dios, no menos.

En realidad, no hemos promocionado la gracia lo suficiente, y una gracia a la que le falta promoción es una gracia descuidada. Una gracia vacía de imaginación. Una gracia que nos salva del infierno en el futuro, pero nos abandona ante el infierno del aquí y ahora. Una gracia que presenta una cura para la condición humana, pero después lanza esa cura por la ventana. Una gracia así y un evangelio así no son dignos de nuestro Dios.

La gracia puede abrir nuestros ojos al Verdadero Yo, la vida que tenemos en Cristo ahora: "*ya no vivo yo, mas vive Cristo en mí*" (Gálatas 2:20). En Cristo tenemos una nueva identidad, y no experimentaremos la vida para la que fuimos creados hasta que abracemos esta identidad. El falso yo debe ser crucificado para que el Verdadero Yo, lleno del Espíritu de Cristo, pueda emerger.

> *Si alguien quiere ser mi discípulo, tiene que negarse a sí mismo, tomar su cruz y seguirme. Porque el que quiera salvar su vida, la perderá; pero el que pierda su vida por mi causa, la encontrará. ¿De qué sirve ganar el mundo entero si se pierde la vida?* (Mateo 16:24-26, NVI)

Jesús nos dice una y otra vez que encontramos vida solamente en la muerte. A primera vista, este enigmático comentario parece contradictorio, pero tiene mucho sentido cuando entendemos que cada uno de nosotros tiene un falso yo (o viejo yo) y un verdadero yo (o nuevo yo). En Colosenses 3:9-10 Pablo escribe: "*habiéndoos despojado del viejo hombre con sus hechos, y revestido del nuevo, el cual conforme a la imagen del que lo creó se va renovando hasta el conocimiento pleno*".

Cuando pienso en el viejo yo, pienso en pseudoindividualidad. Puede parecer individualidad, pero es tan solo una sombra de la luminosidad única que Dios quiere para cada uno de nosotros. Como siempre, C.S. Lewis lo expresa maravillosamente:

> Mientras más dejamos de lado lo que ahora llamamos "nosotros mismos" y dejamos que Él tome el control, más nos acercamos a convertirnos en nuestro verdadero yo. Él tiene tantas facetas que millones y millones de "pequeños cristos", todos diferentes, aún serían muy pocos para reflejarlo a Él completamente... Nuestro

> verdadero yo nos espera a todos en Él. Cuando me rendí a su personalidad fue cuando comencé a tener una personalidad real propia.
>
> No tendrás un verdadero yo hasta que te hayas rendido a Él. La semejanza se encuentra entre la mayoría de los hombres "de carne y hueso"... Cuán gloriosamente diferentes son los santos.[4]

En Cristo, no perdemos nuestra individualidad. De hecho, la encontramos: renacida y llena del ADN de Dios. Si hemos de convertirnos en santos, debemos dejar ir al viejo yo. No hay punto intermedio.

La gracia descuidada se niega a reconocer la realidad de que somos una nueva creación en Cristo. Apaciguará el falso yo o nos ayudará a manejarlo, pero no hará despertar nuestro Verdadero Yo. La gracia descuidada hace que las personas reduzcan el evangelio a mero moralismo, haciendo que las personas sientan condenación por no vivir como deberían hacerlo. Alternativamente, les permite crear una realidad enfocada en sí mismos en la que su manera de vivir no importa porque Jesús fue justo por ellos. Ambos extremos libran al individuo de cualquier responsabilidad misionera y orientada al amor que se extiende más allá de los confines de la pequeña existencia del falso yo.

Permíteme ser muy claro: no nos sentiremos vivos hasta que estemos en consonancia con la persona y la obra de la Vida. El Verdadero Yo, que es una armonía trascendente entre Dios y nosotros, es un río de vida que tan solo se expande cuando fluye.

No permitas que una gracia falsa haga que tu vida sea pequeña. La gracia ensancha nuestras vidas, presentando una visión más amplia de quiénes somos en Cristo. Esta visión creará tensión, pero eso no importa. Junto con la visión llega la esperanza, y no se puede tener esperanza sin tensión. De hecho, la única forma de erradicar la tensión es abandonar la esperanza, y una vida sin esperanza no es vida.

Necesitamos vivir en la tensión. A través del dolor y la alegría despertaremos a la vida de Dios que hay en nosotros. Ese es el diseño y el propósito de la gracia de Dios. Nos conecta a la persona de Jesús, situándonos en una posición en la que podemos sentir lo que Él sintió y hacer lo que Él hizo. Nunca haremos las obras mayores de las que habló Jesús (ver Juan 14:12) hasta que abandonemos nuestro falso yo y nos vistamos con nuestro Verdadero Yo, creado de nuevo en su justicia y santidad (ver Efesios 4:21-24).

El evangelio (las buenas noticias, la revelación de la gracia de Dios) remodelará nuestro mundo cuando nosotros, como pueblo de Cristo y embajadores suyos aquí en la tierra, entendamos *"la gracia de Dios en verdad"* (Colosenses 1:6). En otras palabras, vidas serán cambiadas cuando estemos dispuestos a recibir la gracia en todo su esplendor y belleza. Y para hacer eso, tendremos que ir más allá de nosotros mismos y conectar con los misterios de la cruz y las implicaciones que tiene en nuestras vidas.

> *Este es el maravilloso mensaje que de forma poderosa cambia los corazones por toda la tierra, ¡de la misma forma que los ha cambiado a ustedes! Todos los que creen en estas buenas noticias dan el fruto de la vida eterna a medida que experimentan la realidad de la gracia de Dios.*
>
> (Colosenses 1:6, TPT, traducción libre)

LA COMIDA

He estado en la iglesia toda mi vida. Mis padres son ministros y autores que, sumados los dos, han escrito más de treinta libros. He viajado con ellos por todo el mundo, y a lo largo de los años he tenido conversaciones íntimas con algunos de los pastores, autores y pensadores cristianos más importantes de nuestro tiempo. Me he sentado a sus mesas, he jugado con ellos en los campos donde juegan al golf, y he orado en sus camerinos. He podido ver muchas cosas, y creo que estas experiencias me han hecho desear algo más.

Muchas personas que crecen en hogares cristianos se desilusionan con la iglesia. Cada vez más y más jóvenes cristianos dejan la iglesia cuando entran en la edad adulta.[5] Y por lo que yo he visto, la cosa no pinta mejor para aquellos de nosotros que pasamos literalmente la mayor parte de nuestra infancia en la iglesia porque era el lugar de empleo de nuestros padres. Al estar "desde dentro", vimos cosas que no podemos olvidar. Y después de ver lo que realmente sucede en la cocina, muchos de nosotros decidimos no comer la comida.

Pero en realidad, la cocina no es el sustento. Es un lugar donde se prepara, empaqueta y presenta el sustento, pero no es la comida en sí. No deberíamos rechazar el sustento por una mala experiencia con la cocina. Eso sería el equivalente a no comer porque una vez tuvimos una mala experiencia en cierto restaurante.

A medida que avanzamos, te invito a pedirle al Espíritu de Dios que quite cualquier prejuicio o idea preconcebida que pudiera impedir que comas la comida y experimentes la vida que Dios tiene para ti. Estas mentalidades pueden haber sido causadas por dinámicas en casa, en la iglesia, en la escuela o en el trabajo. Pero las mismas cosas que el enemigo usa para deteriorar nuestra manera de ver a Dios y la vida que Él tiene para nosotros, Dios puede redimirlas, y lo hará, para llevarnos a las riquezas y la plenitud de la salvación.

Sin importar dónde hayas estado o lo que hayas visto o hecho, hoy es un nuevo día. Las promesas de Dios *están* vivas y activas en tu vida. Pero primero debes creer que existen; entonces podrás experimentar su poder.

ESPEJITO, ESPEJITO

Durante mucho tiempo consideré sinónimos los términos salvación y conversión. Pensaba en la salvación como el momento en el que me armé de valor para ir hasta el altar y entregar mi vida a Jesús. Sé que puede parecer raro, pero creía que ese momento era la cúspide de la experiencia cristiana. Deduje que, desde ese momento en adelante, mi meta era aferrarme a mi experiencia en el altar y hacer mi mejor esfuerzo por ser un buen cristiano.

Entonces Dios me mostró que la conversión era tan solo el principio de la obra que haría la salvación en mi vida, y que considerar que la conversión y la salvación eran sinónimos podía compararse a decir que el comienzo de una maratón era sinónimo de su punto medio y su fin. Aprendí que, aunque el comienzo es muy importante, una obsesión insana con la línea de salida puede impedir que alguien corra una carrera y experimente las alegrías y las emociones del viaje.

La conversión es la línea de salida de la salvación. Pero la salvación es mucho más que la conversión.

¿Necesitamos una línea de salida? Por supuesto. ¿Deberíamos celebrar la línea de salida? Claro que sí. La Escritura dice que innumerables ángeles celebran el momento en el que un pecador se arrepiente de sus caminos. Pero ¿hay más? ¡Sí! Y el pequeño libro de Santiago abrió mis ojos para ver ese *más*.

EL HERMANO DE JESÚS

El regalo de la salvación es, primeramente, un cambio de identidad. Cuando entendamos esta verdad, el Nuevo Testamento tendrá mucho más sentido. Cuando descubramos que nuestra salvación promete llenarnos de lo divino, convirtiéndonos en hijos e hijas de Dios, entonces empezaremos a ver la Palabra de Dios y sus caminos bajo una nueva luz

Hay una razón por la que Santiago se convirtió en el líder de la iglesia en Jerusalén, y esa razón no fue el nepotismo. Santiago vivió la vida con el único que es Vida (ver Juan 14:6). Como hermano de Jesús, sin duda Santiago vio cosas que le hicieron cuestionarse lo que significa ser humano: cosas que le hicieron sentirse incómodo con las respuestas fáciles y las medias verdades. Su proximidad a Jesús creó en él una profundidad que con el tiempo se convirtió en profundo respeto y amor por Jesús como Hijo de Dios y Salvador de su alma.

La alta estima con la que Santiago veía a Jesús lo llevó a escribir estas palabras: *"recibid con mansedumbre la palabra implantada, la cual puede salvar vuestras almas"* (Santiago 1:21). Estas doce palabras están cargadas de esperanza y promesa, y tienen mucho significado. Fíjate en que esto es un encargo, una declaración imperativa. Santiago no está sugiriendo pasivamente que recibamos la palabra implantada; nos está diciendo firmemente que lo hagamos. Además, estas instrucciones se encuentran en los primeros párrafos de su carta, lo cual significa que esta verdad representa los cimientos y es necesaria si el lector quiere entender el resto de su mensaje.

Santiago deja claro a lo largo de su carta que su mensaje está dirigido a personas que siguen a Jesús. Es un manifiesto sobre cómo ser el pueblo de Dios *para* el pueblo de Dios.

Volviendo a Santiago 1:21 leemos: "*recibid con* [humildad] *la palabra implantada, la cual puede salvar vuestras almas*". He sustituido *mansedumbre* por *humildad*. Algunas versiones usan *humildad*, y esta palabra se entiende más ampliamente en la actualidad. Cuando pienso en ser como niños, la humildad es el primer atributo que me viene a la mente. A los niños les encanta aprender y explorar cosas nuevas. Pocas veces se quedan satisfechos con respuestas superficiales porque su imaginación no conoce límites. Independientemente del número de respuestas que les demos, siempre hay otra pregunta, especialmente después de haberse ido a la cama, cuando su mente está reorganizando la información que ha recopilado durante el día.

A veces, la hora de ir a la cama en nuestra casa parece una situación con rehenes, pero al revés: les damos a nuestros cuatro hijos lo que quieran para que se *queden* en sus cuartos. Me asombra la cantidad de preguntas que tienen cuando los estoy ayudando a acostarse. Mi esposa y yo estamos en nuestro cuarto y repentinamente escuchamos el sonido de unos pequeños pasos que se acercan. Toc, toc, toc. Efectivamente, otro de los niños ha salido de su cama para hacer una pregunta, como, por ejemplo: "¿Por qué a la gente buena le pasan cosas malas? y ¿No debería Dios evitar que pasen cosas malas?". A pesar de que me gustaría hacerlo, uno simplemente no puede dejar sin responder una pregunta así. Por no hablar de que la respuesta es difícil y sin duda estará seguida de muchas preguntas más.

Pero Dios nunca se frustra por nuestras preguntas. De hecho, Él nos invita a ser incesantes cuando preguntemos o pidamos algo (ver Mateo 7:7-11; Lucas 11:9-13). Una disposición inquisitiva conducirá a un entendimiento más profundo de la verdad, y Él es la verdad. Una vida de humildad, como la de los niños, nos dará ojos para ver quién es Dios y lo que Él tiene para nosotros.

Jesús mencionó constantemente la idea de tener ojos para ver. Sus paisanos buscaban un Mesías guerrero que los salvara de la opresión romana, pero en lugar de eso, Jesús les ofreció una libertad que se puede encontrar y desarrollar en medio de la opresión. Por eso Él hablaba continuamente acerca de ver el mundo y a nosotros mismos con otros ojos. También por eso todos los Evangelios comienzan con Juan el Bautista predicando arrepentimiento, lo cual es, en última instancia, un cambio de percepción que conduce a una nueva forma de vida y a una nueva identidad.

La buena noticia es que no necesitamos un paisaje nuevo; no necesitamos que nuestro ambiente cambie para que nuestras vidas puedan cambiar. Podemos experimentar paz, plenitud y gracia en medio de la confusión, el dolor y la injusticia. El poder salvador de Dios supera a las circunstancias; y la tragedia más reciente no lo obstaculiza. Pero debemos perseguirlo con humildad, sabiendo que nuestro viaje pondrá a prueba los límites de nuestra imaginación y redefinirá nuestra percepción de lo que es "imposible".

MÁS ALLÁ DEL PRINCIPIO

De nuevo, Santiago dice: "*recibid con mansedumbre la palabra implantada, la cual puede salvar vuestras almas*". Fijemos ahora nuestra atención en este concepto de la *palabra implantada*.

Cuando era pequeño me encantaba Michael Jordan. Estaba convencido de que algún día llegaría a ser un jugador profesional de baloncesto (eso fue después de haber superado el miedo a poder ser el anticristo). Practicaba todos los días con mis vecinos, y me convertí en un pequeño deportista.

Cuando tenía diez años gané un póster del tamaño de una puerta, de Michael Jordan palmeando una pelota de baloncesto mientras volaba por el espacio (era mi premio por haber suplicado sin ningún tipo de vergüenza a mis vecinos que compraran revistas que nunca leerían). Solía sentarme en mi cuarto y quedarme mirando el póster, soñando con el momento en el que pasaría tiempo de calidad con mi mejor amigo que desafiaba la gravedad. De hecho, solía hablar con el póster y arrastraba a Michael a todo tipo de diálogos interesantes (supongo que en realidad eran monólogos).

Pero un día mi papá me quitó mi póster. Me dijo que estaba obsesionado y que necesitaba reflexionar sobre mi amor por Michael Jordan. Estoy convencido de que pensaba que yo le oraba al póster. Vivíamos en una casa pequeña, así que es posible que escuchara mis murmullos y los confundiera con oraciones al dios del baloncesto.

Yo estaba desolado. MJ era mi héroe, mi ídolo. Y mi papá era Gedeón, decidido a purificar nuestra casa quitando todo tipo de adoración a ídolos. Pero mi papá se olvidó de que yo tenía una muñeca rusa de Michael Jordan escondida en el cajón de los calcetines. En realidad, le pertenecía a mi hermano menor, pero yo había ejercido los derechos de hermano mayor y me la había apropiado (para que quede claro, ya se la he devuelto a Austin).

Como seguramente sabes, una muñeca rusa es el regalo que guarda en su interior más regalos. Esas pequeñas personitas salen una detrás de otra hasta que se acaban. Eso es lo triste, y una vez que las has desarmado no sabes muy bien qué hacer con ellas. Por no mencionar cuán raras se ven cuando están divididas por la mitad, como alguien que ha sido víctima de un patético mago callejero.

Por mucho tiempo, yo visualizaba el regalo de la salvación como una muñeca rusa. La conversión se podría comparar con el momento en el que sostuve por primera vez ese Michael Jordan tan impresionante. Durante unos minutos, me detuve para admirar la complejidad de su diseño. No podía creer cuán bendecido era yo. Mi mundo había cambiado con la llegada de MJ.

Pero después de un tiempo, quise ver quién más estaba dentro de Michael. ¡Pop! Sabía a quién me encontraría, pero eso no me impidió emocionarme al ver a Scottie Pippen.

Scottie Pippen fue un asombroso jugador de baloncesto y miembro del Salón de la Fama. Pero no era Michael Jordan, así que no me detuve tanto tiempo para admirar esa figura. No pasó mucho tiempo hasta que quise saber quién estaba dentro de Scottie. ¡Pop! Salió Dennis Rodman con el cabello verde. Como Scottie, Dennis era un gran jugador de baloncesto, pero no se podía comparar con MJ o Scottie. ¡Pop! Tony Kukoc era el siguiente. No sabía mucho sobre él salvo que era croata. ¡Pop! Salió la última figurita, Steve Kerr. Steve era tan pequeño que apenas podía leer su nombre en la camiseta.

Con cada aparición me sentía menos satisfecho. Sabía que lo mejor ya lo había dejado atrás. La grandeza del regalo disminuyó con el tiempo, y las figuritas acabaron en una estantería o en el cajón de los calcetines, encerradas en Michael Jordan, que era lo único realmente especial de todo.

¿Acaso no son así muchas cosas en esta vida? Comenzamos algo con mucha anticipación: un trabajo, un matrimonio, una amistad, criar a los niños... solo para darnos cuenta de que el principio fue la mejor parte.

Parejas felices conmemoran su unión con alegría y devoción desenfrenada, pero después de varios años, muchos de ellos acaban lanzándose insultos en una sala de reuniones, con cada acción siendo controlada por unos abogados conspiradores y especialistas en divorcio. Celebramos la compra de un nuevo auto publicando fotos para que nuestros amigos puedan compartir la alegría. Pero después de seis meses, hay comida tirada por los asientos traseros, y Betsy (parece un buen nombre para un auto) necesita desesperadamente un lavado. Muchos de nosotros comenzamos nuestras vidas con padres que nos adoran y celebran cada sonrisa o cada pequeño intento por caminar. Pero a medida que crecemos, esa atención dedicada puede convertirse en palabras ásperas y acciones disciplinarias.

Es natural que creamos que el principio es lo mejor. El mundo en el que vivimos nos condiciona para pensar así, pero nuestro Padre celestial es muy diferente. Cuando Él nos da algo, eso lo único que hace es mejorar con el tiempo. Él se guarda lo mejor para el final. Si volvemos a la analogía de la muñeca rusa, con Dios es como abrir una muñeca para encontrar una mejor y más grande en su interior. Sé que eso no tiene sentido ni físicamente ni espacialmente, pero intenta imaginarlo.

LA PALABRA

Cuando Santiago escribe *"la palabra implantada"*, está haciendo mención del gran misterio del evangelio. La palabra griega que usa para decir "palabra" es *logos*. Esta es la misma palabra que usa Juan: *"En el principio la* ***Palabra*** *ya existía. La* ***Palabra*** *estaba con Dios, y la* ***Palabra*** *era Dios"* (Juan 1:1, NTV, énfasis añadido).

Me encanta cómo lo expresa *The Passion Translation*:

> *Desde el principio la* ***Viva Expresión*** *ya estaba ahí. Y la* ***Viva Expresión*** *estaba con Dios, aunque era completamente Dios... Y a través de su inspiración creativa, esta* ***Viva Expresión*** *creó todas las cosas... La vida se hizo realidad gracias a Él, porque su vida es luz para toda la humanidad.*
> (vv. 1-4, énfasis añadido, traducción libre, TPT)

Tanto Santiago como Juan utilizan la palabra *logos* para expresar la totalidad del mensaje del evangelio, la "potente autoexpresión de Dios en la creación, la revelación y la redención".[1] Esta autoexpresión llegó a nosotros en la forma y la obra de Jesucristo: la vida y la luz del mundo. Cuando leemos "palabra implantada", debemos permitir que nuestra imaginación, la cual es el taller de la fe, nos guíe para entrar en la grandeza de lo que Santiago está escribiendo.

El plan de Dios siempre ha sido darnos un corazón nuevo y hacernos partícipes de su naturaleza divina a través del nuevo nacimiento por su Espíritu (ver Ezequiel 36:27). Por eso Jesús les dijo a sus discípulos inmediatos (y a las generaciones de discípulos que vendrían) que es mejor que seamos llenos de su Espíritu que tenerlo a Él limitado a un solo cuerpo presente en nuestra dimensión: "*Pero yo os digo la verdad: Os conviene que yo me vaya; porque si no me fuera, el Consolador no vendría a vosotros; mas si me fuere, os lo enviaré*" (Juan 16:7).

Observemos que Jesús tuvo que decir "*os digo la verdad*" antes de hacer esta declaración. Él sabía que estas palabras serían difíciles de asimilar para sus seguidores. Ponte en los zapatos de ellos. Habían vivido con Jesús y habían pasado con Él casi todos los días. Y a menudo se habían dejado a sí mismos en ridículo y habían necesitado corrección frecuente. Sin embargo, Jesús les dice que es mejor para ellos si Él se va. ¿Por qué diría algo así? Más adelante, Jesús les da la respuesta: *"Aún tengo muchas cosas que deciros, pero ahora no las podéis sobrellevar. Pero cuando venga el Espíritu de verdad, él os guiará a toda la verdad"* (vv. 12-13).

Los discípulos no podían entender la profundidad del mensaje de Jesús porque aún no habían recibido su Espíritu. Solo lo similar puede conocerse mutuamente. Ellos necesitaban ser llenos del Espíritu de Dios; una llenura que, según Pedro, en Hechos 2, está a disposición de todos los santos de Dios. En Jesús, los discípulos veían la luz, pero también necesitarían su vida, su Espíritu, si iban a convertirse en personas que pudieran unirse al rescate cósmico de Cristo.

Juan y Santiago nos dejan claro que Jesús es la luz y la vida. En Él vemos la luz. Vemos cómo vivió, amó y murió, todo lo cual apunta al Padre, a quien no podemos ver. Pero un ejemplo de vida no es suficiente. ¿Cuántos de nosotros hemos sido inspirados por grandes ejemplos, pero no hemos tenido el poder de cambiar nuestras vidas?

Jesús era y es la luz, revelando el camino y dotándolo de una expresión visual. Pero Jesús no murió para darnos solamente un buen ejemplo; murió para resucitarnos a la vida. Ahora que tenemos su Espíritu en nosotros, podemos experimentar su vida y armonizar con su Espíritu: *"Yo soy la luz del mundo; el que me sigue, no andará en tinieblas, sino que tendrá la luz de la vida"* (Juan 8:12).

INMERSIÓN PROFUNDA

La sangre del Hijo de Dios es la base de nuestra santificación, pero es el Espíritu Santo el que... destruye la depravación de nuestros corazones.[2]

Volvamos a Santiago 1:

> *Pero sed hacedores de la palabra, y no tan solamente oidores, engañándoos a vosotros mismos… Si alguno se cree religioso entre vosotros, y no refrena su lengua, sino que engaña su corazón, la religión del tal es vana. La religión pura y sin mácula delante de Dios el Padre es esta: Visitar a los huérfanos y a las viudas en sus tribulaciones, y guardarse sin mancha del mundo.* (vv. 22, 26-27)

Es muy probable que hayas escuchado el versículo 22 parafraseado: "debes ser un hacedor de la palabra, no solo un oidor". Y sí, esto es cierto. Pero tristemente, las personas han usado este pasaje y lo que escribe Santiago en este segundo capítulo acerca de las obras y de la fe, para promover una salvación que es el resultado, únicamente, de una muy buena conducta. Pero Santiago de ninguna manera defiende tal paradigma. Lo que está sugiriendo es que nos sumerjamos más profundamente en la realidad de la salvación, y que al hacerlo encontraremos un poder que es a la vez metafísico y práctico. Un poder que puede salvarnos del infierno e infundir vitalidad a nuestras vidas.

Si regresamos al versículo 21, se nos dice que la palabra implantada "*puede salvar vuestras almas*". No hay duda de que Santiago está escribiendo a creyentes, y por lo tanto no está haciendo alusión exclusivamente a la salvación eterna. La palabra *almas* se utiliza para referirse a nuestra mente, deseos y emociones. Santiago nos dice que si recibimos la palabra implantada (un concepto espiritual y metafísico), experimentaremos la salvación del alma (un concepto práctico que afecta la forma en que vivimos el aquí y ahora).

Debido a que somos hijos de Dios, el enemigo ha perdido la batalla por nuestros espíritus, y por lo tanto ha declarado la guerra a nuestras almas. Él no quiere que vivamos en paz, gozo e intimidad; lo último que quiere es que nuestras vidas reflejen la vida de Dios al mundo. Quiere que los cristianos limiten su salvación a un concepto abstracto que no tiene mucha influencia en los asuntos reales y desafiantes que enfrentamos hoy. A él le aterra el hecho de que podamos descifrar el regalo de la salvación y descubrir que hay muñecas rusas más grandes en el interior.

Una visión reducida de la salvación crea una mentalidad de escapismo: simplemente intentamos pasar por esta vida para poder llegar al cielo algún día. Pero esa mentalidad no se alinea con la Escritura, y nos impide entrar en acción para sanar nuestro mundo *ahora* colaborando con el Espíritu de Dios. La llamada a la acción de Santiago va más allá del moralismo o de seguir las reglas. Santiago nos reta a abrazar nuestro Verdadero Yo y revelar la naturaleza de Dios a nuestro mundo.

Cuando Santiago nos dice que seamos los hacedores de la palabra y no solamente oidores, nos está recordando que vivamos nuestras vidas en Cristo y no en la inutilidad de nuestras propias fuerzas. Él acaba de prometernos que el mensaje del evangelio tal y como fue revelado a través de Cristo ha sido entretejido en nuestra nueva naturaleza, nuestra nueva identidad. Pedro nos dice que nos hemos convertido en participantes de la naturaleza divina (ver 2 Pedro 1:4). Juan nos dice que la simiente eterna de Dios, su Espíritu, está en nosotros (ver 1 Juan 3:9). No se trata de que nos convirtamos en mejores personas; se trata de dejar a los pies de la cruz nuestras opiniones sobre nosotros mismos para poder experimentar la nueva realidad de la creación. A veces lo que más nos cuesta soltar es nuestra propia opinión de nosotros mismos. Pero morir al falso yo es la única forma de encontrar la vida.

¿CUÁL ES TU ASPECTO?

> *Porque si alguno es oidor de la palabra, pero no hacedor de ella, éste es semejante al hombre que considera en un espejo su rostro natural. Porque él se considera a sí mismo, y se va, y luego olvida cómo era. Mas el que mira atentamente en la perfecta ley, la de la libertad, y persevera en ella, no siendo oidor olvidadizo, sino hacedor de la obra, éste será bienaventurado en lo que hace.*
>
> (Santiago 1:23-25)

¿A qué se refiere Santiago con todo esto que dice de los espejos? El espejo se refiere a recordar tanto quiénes somos como de quién somos. Nuestra relación con el espejo es una cuestión de identidad.[a]

Este pasaje está lleno de sutilezas. En griego hay una palabra calificativa para "rostro" (*génesis*) que es difícil de traducir sin distorsionar el texto. "Esta palabra, que, por supuesto existe en español como transliteración, puede tener dos significados diferentes en este contexto: 'existencia' o 'principio'".[3] Yo creo personalmente que Santiago está aprovechando el uso más completo de *génesis* dándole un propósito dual. Como hijos de Dios, hemos comenzado una nueva existencia gracias a nuestra nueva identidad en Cristo. Esta nueva existencia, la palabra implantada, la vida gloriosa en nuestro interior, nos alinea con el corazón y los propósitos de Dios y nos posiciona para poder experimentar la vida para la que fuimos creados.

Cuando observamos la ley de la libertad y miramos a través de ella, podemos ver el Verdadero Yo, el que fue recreado en

---

a. En los tiempos de Santiago, los espejos no estaban hechos de cristal, y no cumplían muy bien la función de reflejar las cosas. Era común que las personas realmente olvidaran su aspecto. Hoy tenemos espejos en todos lados, y por lo tanto es difícil imaginarse la posibilidad de olvidar nuestro aspecto.

Cristo. Pero la cuestión es esta: no es fácil para nosotros ver más allá de lo que tenemos delante. Tener visión da miedo; crea oportunidades para la decepción. Por eso a menudo le damos la espalda a las visiones de grandeza. Nos aterra la decepción o el fracaso. Como Simba en la historia de Disney de *El Rey León*, huimos e intentamos esconder quiénes somos, olvidando quién es nuestro Padre.

Santiago nos recuerda que nuestra salvación (nueva identidad) no es una consecuencia de nuestros esfuerzos. Es un regalo de nuestro Padre, el autor de la vida. Dios ha creado el camino; lo único que tenemos que hacer nosotros es mover nuestros pies en la dirección correcta.

Dios celebra cualquier intento de movimiento, igual que un padre se alegra con el primer paso de su hijo. Mi esposa y yo no podíamos esperar para grabar en video los primeros pasos de nuestro primogénito. ¿Acaso aquellos primeros pasos se merecían un oro olímpico? No. Cada movimiento era tembloroso. Asher parecía un hombre borracho tratando de pasar un test de sobriedad. Pero el gozo no estaba en el grado de éxito, sino que estaba en la dirección. Dios está más interesado en nuestra trayectoria que en nuestro nivel de éxito. Hay personas que parecen ser gigantes espirituales, pero sus vidas son menos saludables que las de algunos bebés espirituales porque han dejado de avanzar. Se han conformado y pronto se encontrarán a sí mismos uniéndose a los fariseos, alimentándose de su propia justicia.

La ley de la libertad es la ley del nuevo pacto, la que encontramos en la naturaleza y el ejemplo de Jesucristo. Por eso Santiago nos dice que observemos esta ley. Se llama la ley de la libertad, porque nos libera de los límites del falso yo. Su robustez nos introduce en la familia de Dios, haciéndonos descendientes de Abraham y receptores de la promesa que Dios le dio a Abraham en Génesis 12. Es una ley nacida del Espíritu, y solo el Espíritu conoce las profundidades de Dios. Podemos entenderla y recibirla en nuestro corazón, pero es infinita por naturaleza y no se puede hacer que quepa agradablemente en los límites cognitivos. Sí podemos, sin embargo, encontrar letreros y marcas que la representan y nos ayudan a avanzar en la dirección correcta (aunque debemos tener cuidado de no pensar que estas indicaciones son la ley en sí).

Cuando nos vemos a nosotros mismos a través de la ley de la libertad, vemos nuestra nueva naturaleza recreada a imagen de Dios. Se nos invita a mirar en el interior de la perfecta ley de la libertad para ver la perfección que Dios tiene preparada para nosotros: *"pues Dios los ha recreado de nuevo en su justicia perfecta, y ahora le pertenecen a Él en el ámbito de la verdadera santidad"* (Efesios 4:24, TPT, traducción libre).

Jesús es el cumplimiento de la ley de Moisés. Él pudo quitar la carcasa de la ley y revelar su verdadera forma, una forma que tan solo podía verse en la persona de Jesús y ser recibida por la obra de su Espíritu (ver Gálatas 3:22-29). El Espíritu de Dios en nuestro interior hace que podamos vivir en la libertad y la magnanimidad de la ley de la libertad.

La palabra implantada, invisible en nuestro interior, nos concede el poder de hacer visible el amor de Dios en nuestro mundo. Jesús es la demostración del amor de Dios por nosotros; el Espíritu de Jesús en nuestro interior debería crear una demostración práctica del amor de Dios por el mundo.

No aceptar esta nueva identidad y sus consecuencias prácticas es olvidar quiénes somos y de dónde venimos. Hemos sido creados de nuevo en Cristo, y esa es ahora nuestra verdadera imagen. Ese debe ser nuestro punto de partida.

No es fácil vernos a nosotros mismos como Dios nos ve. Durante años hemos escuchado a maestros, amigos, entrenadores y padres y madres que expresaban su punto de vista sobre quiénes somos. Pero esas personas no tienen derecho a definirnos y crear nuestra imagen; tan solo Dios puede hacerlo. Y cuando Él nos mira, nos ve a través del filtro de su Hijo perfecto.

SÉ FIEL A TI MISMO

Cuando las personas se encuentran con esta idea de que Dios los ve a través de su Hijo perfecto, a menudo suponen que su individualidad se pierde. Pero nada podría estar más lejos de la verdad. Dios nos ve como somos y celebra nuestra individualidad. Volver a Él no es perder la individualidad; es volver a nuestro Verdadero Yo. Todas las capas de pecado y de predisposición genética destructiva que se hacen pasar por individualidad son desechadas, y nos encontramos a nosotros mismos vestidos en esplendor con su luz y su vida fluyendo por nuestras venas. Dios te celebra como una expresión única de su poder creativo. Recibir su palabra implantada no te deshumanizará; te devolverá la vida y la vitalidad del diseño original de Dios para ti. Solamente Él tiene derecho a definirte.

Recibir la palabra implantada y perseverar, viéndonos a nosotros mismos como Dios nos ve, nos llevará a una vida de "hacer". Cuando entendamos nuestra identidad, nos convertiremos en hacedores; nuestras vidas se convertirán en poesía, exhibiendo radiantemente la naturaleza de Dios a nuestro mundo.

Pero el hacer llega tras el entender. ¿Puedes imaginar a alguien intentando construir una casa sin saber usar un martillo, una sierra, o sin entender las matemáticas? La idea es absurda. Pero a menudo intentamos construir nuestras vidas en Cristo sin antes haber descifrado el regalo de la salvación y descubrir lo que realmente es: una nueva identidad.

Estoy seguro de que has escuchado a personas decir: "Sé fiel a ti mismo". La frase tiene su origen en *Hamlet,* la obra de Shakespeare, pero ha sido popularizada por los gurús de las prácticas de autoayuda. Ellos declaran que el secreto para la felicidad es la autenticidad: una forma moderna de nihilismo. Lo chistoso es que se equivocan, pero también tienen razón. Efectivamente, debemos ser fieles a nosotros mismos, pero como hemos visto, nuestro Verdadero Yo se encuentra sepultado bajo capas de predisposiciones generacionales, disparates sociales y tragedias de la infancia. Santiago 1 promete que podemos ver a través de todo lo que se hace pasar por nosotros hasta ver el único y brillante Verdadero Yo, el que Dios diseñó e imaginó antes de que nuestras vidas comenzaran.

En *Hamlet,* cuando Polonio le encarga a su hijo Laertes que sea fiel a sí mismo, no lo está animando a perseguir sus deseos efímeros hasta donde sea que lo lleven. Sus famosas palabras llegan en medio de un despliegue de prudencia y lealtad. La idea general es que Laertes debía ser fiel a sí mismo para que otros pudieran confiar en lo que él decía y hacía. Polonio le estaba recordando a su hijo quién es para que no se convirtiera en alguien que no es.

Ahí es donde quiere llegar Santiago con el espejo. Cada día tenemos que tomar una decisión. Podemos escoger vernos como Dios nos ve, a través de la ley de la libertad, o podemos vernos a nosotros mismos a través del falso yo.

Lo increíble acerca del regalo de salvación de Dios es que viene con todo lo que necesitamos. Decir que esto no es cierto es como decir que se puede fragmentar y dividir en segmentos el mensaje del evangelio y la obra en la cruz. Tal idea es absurda. Recibimos el Espíritu de Cristo en su plenitud. No hay nada más que podamos hacer; o está o no está. Sin embargo, sí podemos definir el grado en el que la palabra implantada remodela nuestras vidas aquí y ahora.

Dios no impondrá sobre ti su voluntad. De hecho, lo único que Él no hará por ti es matarte. Tienes que decidir morir a tu falso yo. Si Dios matara a esa cosa fea y egoísta que llamamos "yo", entonces en lugar de hijos e hijas hechos a su imagen, tendría robots. Serían robots gloriosos, pero seguirían siendo robots. La idea detrás de la salvación es que Dios nos convierte en sus hijos e hijas: una transformación que tan solo es posible por medio de recibir el Espíritu del Hijo perfecto.

CORAZÓN DE CARNE

Siempre me ha fascinado Ezequiel. ¿Cómo no amar a un hombre salvaje que no tiene miedo de movilizar huesos secos? (si no conoces la historia, lee Ezequiel 37).

Ezequiel era un profeta. Los profetas acceden al corazón de Dios y ven las cosas tal y como deberían ser, y no como son. Son agentes de cambio, que nos sitúan de nuevo en consonancia con los propósitos de Dios y con lo mejor que Él tiene para nuestras vidas. En pocas palabras, son disruptivos. Pero ¿acaso no es eso lo que necesitamos? Si queremos experimentar algo nuevo, las cosas deben cambiar.

Ezequiel vio nuestra época. Vio el tiempo en el que el Espíritu de Dios entraría en nuestras vidas y haría de nuestro corazón su hogar. Él sabía que la palabra implantada lo cambiaría todo, así que escribió con valentía lo que Dios le mandó que escribiera:

> *Os daré corazón nuevo, y pondré espíritu nuevo dentro de vosotros; y quitaré de vuestra carne el corazón de piedra, y os daré un corazón de carne. Y pondré dentro de vosotros mi Espíritu, y haré que andéis en mis estatutos, y guardéis mis preceptos, y los pongáis por obra.*
>
> (Ezequiel 36: 26-27)

Esta profecía se cumplió por medio de la vida y la muerte de Jesús. Dios ha hecho lo que nosotros nunca podríamos hacer: nos ha dado un corazón de carne. Hay sangre nueva que fluye por nuestras venas, y nuestro ADN espiritual ha sido reconstruido por la simiente eterna de Dios (ver 1 Juan 3:9). Por eso ahora podemos convertirnos en hacedores de la Palabra y no solo oidores.

EL BLOQUEADOR DE LA GRACIA

Los espejos pueden ser engañosos. Se supone que deben reflejar lo que está ahí, de modo que pensamos que en cierto modo dicen la verdad, son algo en lo que podemos confiar. Pero la verdad es que es fácil que fallen.

Cuando el telescopio espacial Hubble fue lanzado en 1990, los operadores pronto descubrieron un defecto en el espejo que afectaba la claridad de las primeras imágenes del telescopio. Con el tiempo se supo el diagnóstico: el problema era el resultado de un fallo en la calibración. ¿Cuán importante era el error? Menos de una cincuentava parte de un cabello humano. Esa desviación causaba una distorsión significativa e impedía que el Hubble pudiera ver las estrellas.[4]

De manera similar, hay algo pequeño y molesto que nos impide ver nuestra nueva vida en Cristo.

¿Sabías que hay una forma de impedir que el Espíritu de gracia opere en tu vida? He oído a algunas personas decir que nada puede separarnos de la gracia de Dios, pero eso simplemente no es cierto. Romanos 8:35-39 dice que nada nos puede separar del amor de Dios, pero hay muchos pasajes en la Escritura que dejan claro que existe un bloqueador de la gracia.

> [La Escritura] *dice: Dios resiste a los soberbios, y da gracia a los humildes.* (Santiago 4:6)

> *...todos, sumisos unos a otros, revestíos de humildad; porque: Dios resiste a los soberbios, y da gracia a los humildes.* (1 Pedro 5:5)

En otras palabras, Dios da gracia a los humildes, y resiste a los soberbios reteniendo su gracia.

El orgullo es el bloqueador de la gracia. El orgullo distorsiona el espejo del entendimiento.

Entonces, ¿qué es el orgullo? El orgullo es cuando ponemos nuestra opinión por encima de la de Dios. Es cuando le damos más valor a los humanos que a Dios, adorando la creación en lugar de adorar al Creador. El orgullo es negar quien Dios nos ha creado para ser. Es negarlo a Él.

Dios no irá en el segundo lugar en tu vida. O Él tiene la última palabra o no la tiene. Y Él no permitirá que el poder de su gracia alimente una visión destructiva de ti mismo. El orgullo toma muchas formas diferentes: inseguridad, duda y arrogancia, por solo mencionar algunas. Pero todas estas formas tienen la misma raíz: una perspectiva distorsionada de tu identidad en Cristo y una perspectiva baja de Dios.

¿Podría ser que no sepamos quiénes somos en Cristo porque hemos rechazado la auténtica forma de Dios?

¿Podría ser que hemos creado un Dios a nuestra propia imagen en lugar de permitir que Dios nos transforme a su imagen?

En los próximos capítulos exploraremos estas preguntas.

¿TEMER O NO TEMER?

La visión pequeña acerca de Dios que se manifiesta casi universalmente entre los cristianos es la causa de cientos de males menores a nuestro alrededor... El declive del conocimiento de lo santo nos ha producido las dificultades que hoy enfrentamos. Un redescubrimiento de la majestuosidad de Dios ayudará mucho en el proceso de tratarlas.
– A. W. Tozer

Tengo tendencia a consultar de nuevo el libro *El conocimiento del Dios santo,* de A. W. Tozer, cuando me doy cuenta de que estoy pensando en pequeño con respecto a Dios. Él no se parece a nada que hayamos visto o conocido. ¿Cómo podríamos comprender a un Dios que puede medir el universo con sus dedos y pesar los siete océanos con su mano? (ver Isaías 40:12).

Coincido con Tozer en cuanto a que una visión pequeña acerca de Dios es la causa de "cientos de males menores", pero en realidad creo que una visión pequeña subestima la verdad. Una visión pequeña acerca de Dios no es solamente la causa de cientos de males menores, sino que es también la causa de *todos* los males menores de nuestro mundo. Una visión pequeña acerca de Dios siempre ha sido la ruina de la humanidad.

Un Dios grande puede ser algo que asuste. En muchos aspectos, la religión ha invertido más tiempo en reducir a Dios a sistemas y fórmulas que en conectar a las personas con Aquel que es vida en abundancia. En medio de nuestros intentos por ser sistemáticos, hemos eliminado sistemáticamente el poder y el asombro que conlleva ser el pueblo de Dios. En un esfuerzo por hacer que Dios sea "accesible", lo hemos convertido en un objeto de nuestra creación, gobernado por nuestras normas y expectativas.

Dios nos creó a su imagen, y ahora nosotros le devolvemos el favor.

No queremos involucrarnos con un Dios que es *diferente* a nosotros. Queremos un Dios como nosotros; un Dios al que podamos controlar. Nos aterra la idea de un Dios que es capaz de reconciliar el juicio y la misericordia, la ira y la bondad, el amor y el odio, la gracia y la santidad. Queremos un Dios unidimensional, pero el Dios de la Escritura es todo menos unidimensional. Él es tan *diferente* a nosotros que no podemos ni siquiera entender su nombre: Yo Soy, YHWH, Aquel que es autosuficiente. La grandeza de un nombre como ese es aterradora: un ataque directo a nuestro pensamiento en pequeño.

Podemos limitar lo que podemos definir. Y en nuestros esfuerzos por definir a Dios (en nombre de la utilidad), hemos limitado su expresión hasta el alcance de nuestro ser actual. Pero no podemos intentar neutralizar a Dios y aun así esperar encontrar vida; simplemente no sucederá. Si hemos de encontrar vida, primero tendremos que redescubrir a su Creador con todo lo que le diferencia de nosotros.

Parece que la misión que manifiesta la humanidad no requiere un Dios grande; requiere un Dios domesticado. Requiere respuestas concisas y tópicos sin poder. Requiere comodidad, confort, y predictibilidad. Requiere una teología y una cristología que podamos dominar y controlar. Y a medida que hemos ido perdiendo de vista quién es Dios, hemos perdido de vista lo que Él nos ha creado para ser y lo que nos ha llamado a hacer.

SIN MIEDO A TEMER

Existe un mal (personificado en Satanás) que nos impide ver la belleza de la vida. Hace que nuestras vidas sean pequeñas; una sombra de lo que sabemos que podrían y deberían ser. Este mal (nuestra visión pequeña de Dios) no desaparecerá sin más por desearlo. Debemos reconocerlo, confrontarlo, y superarlo. Y la única forma de superarlo es sumergirnos en el temor.

No debemos tener miedo de temer a Dios.

Puede que estés pensando: *Espera un segundo... ¿no acabas de decir hace poco que "no temas" es el mandamiento que más se repite en la Escritura? ¿Por qué ahora me dices que debo sumergirme en el temor? ¡Eso no tiene sentido! ¿Y acaso Dios no es amor, el amor que echa fuera el temor?*

Tienes razón. Parece confuso. Intentemos encontrar el sentido a esto en 1 Juan 4:18, el famoso versículo acerca del perfecto amor que echa fuera el temor: "*En el amor no hay temor, sino que el perfecto amor echa fuera el temor; porque el temor lleva en sí castigo. De donde el que teme, no ha sido perfeccionado en el amor*".

Un poco antes, en esta misma carta, Juan también escribe: "*Dios es amor*" (v.8). Ahí está. El perfecto amor (Dios personificado) echa fuera todo el temor. A la luz de esto, ¿cómo podemos nosotros, como hijos de Dios, ser animados a temer a Aquel que es amor?

Si examinamos más de cerca las palabras de Juan, encontraremos el contexto tan necesario. Como todos sabemos, el contexto es imprescindible.

Cuando Juan escribe que "*el temor lleva en sí castigo. De donde el que teme, no ha sido perfeccionado en el amor*", está describiendo un temor orientado a la autopreservación (más específicamente, la preservación del falso yo). Cuando vivimos en Cristo, abrazando por completo nuestra nueva identidad, podemos y debemos deshacernos de este temor; no tiene cabida en nuestras vidas.

A medida que somos perfeccionados en el amor por medio del Espíritu del temor del Señor (uno de los nombres que se le da al Espíritu de Dios[1]), nos encontramos envueltos en el amor de Dios, sin miedo a lo que pueda sucedernos. Aunque sabemos que la Escritura habla acerca de un juicio de los justos, nuestra confianza está puesta en la misericordia y la gracia del Padre. Nuestra confianza está puesta en su habilidad de transformar nuestras vidas en algo bueno. Confiamos en la vida que viene de Él.

Esta es la razón por la que Juan escribe lo siguiente más adelante:

> *Dios nos ha dado vida eterna; y esta vida está en su Hijo. El que tiene al Hijo, tiene la vida; el que no tiene al Hijo de Dios no tiene la vida. Estas cosas os he escrito a vosotros que creéis en el nombre del Hijo de Dios, para que sepáis que*

tenéis vida eterna, y para que creáis en el nombre del Hijo de Dios. (1 Juan 5:11-13)

Fíjate en el tiempo verbal que se utiliza: "*Dios nos ha dado vida eterna*". *Ha dado* es tiempo pasado. Mucho antes de que naciéramos, Jesús hizo lo que nosotros nunca podríamos hacer. Gracias a su muerte y resurrección, podemos disfrutar de la vida eterna. Esta nueva vida en Cristo invade la era presente, liberándonos de su poder, y le da forma a la era prometida que ha de venir. "[Jesús] *se dio a sí mismo por nuestros pecados*", escribe Pablo, "*para librarnos del presente siglo malo*" (Gálatas 1:4).

Cuando el apóstol Juan escribe que "*el perfecto amor echa fuera el temor*", no se refiere a todos los tipos de temor. Se está refiriendo específicamente a un temor que no es sano y que surge de un enfoque en el falso yo. La carta de Juan revela que lo opuesto a este tipo de temor es perder nuestras vidas en el perfecto amor. El perfecto amor es aceptar la palabra implantada (una nueva vida en Cristo) para poder extender el amor y la vida de Dios a nuestro mundo. "*En esto hemos conocido el amor, en que él puso su vida por nosotros; también nosotros debemos poner nuestras vidas... no amemos de palabra ni de lengua, sino de hecho y en verdad*" (1 Juan 3:16,18).

Esta libertad del temor se encuentra solo cuando morimos al falso yo. Los muertos no le temen a nada. ¿Acaso gritaría un muerto si lo tiraras por un barranco? ¿Acaso un cadáver batalla con la preocupación por lo que otros puedan pensar de él o ella? Morir al falso yo es ser libre de la tiranía de la vida "pequeña". Es despertar, por medio del Espíritu, al diseño original de Dios para la humanidad. Es convertirse en verdaderamente humano, a la semejanza del perfecto Amor.

Existe un temor que nos impide aceptar nuestra libertad en Cristo y amar a los demás. Ese es el temor del que Juan está hablando en su carta. Este tipo de temor no es el temor de Dios, y podemos erradicarlo de nuestras vidas tan solo mediante el trabajo conjunto con el Espíritu de Cristo.

El problema es que nos han enseñado que todo el temor es malo, pero eso simplemente no es cierto. Es una necedad tenerle miedo a una serpiente de goma, pero no tiene nada de malo evitar a las serpientes venenosas que cada año matan a más de noventa mil personas.[2]

La Escritura, tanto en el Nuevo como en el Antiguo Testamento, recoge muchas promesas que se derivan del temor de Dios. Aquí vemos una muestra: la presencia de Dios (ver Salmos 25:14), la honra (ver Proverbios 22:4), la abundancia (ver Salmos 128:1-2), la larga vida (ver Proverbios 10:27), la paz (ver 19:23), la protección (ver 14:26). La Escritura también deja claro que el temor de Dios es el principio de la sabiduría (ver Salmos 111:10; Proverbios 1:7; 9:10). Esta sabiduría remodela nuestras vidas y nuestro mundo por el poder de la cruz. Esta sabiduría define el amor, la verdad, la justicia y la misericordia en términos objetivos, dándoles el poder de suplantar a las definiciones constantemente cambiantes que nos ofrece la cultura. Este temor de Dios nos hace correr hacia Dios, no huir de Él. Nos hace huir de nuestro falso yo y encontrar una vida renovada en Cristo. Se podría decir que con el temor de Dios llega también la sabiduría (o las instrucciones) para una vida superior.

En la presencia de Dios experimentamos la más alta consciencia de vivir (ver Salmos 16:11), y el temor de Dios puede crecer solamente en la presencia de Dios, porque se desarrolla y se forma en nuestra intimidad con Él.

A medida que pasamos tiempo con Dios, explorando sus profundidades, nos vemos superados por Aquel que es realmente diferente. En Dios, encontramos *aquello* que hemos estado echando en falta: *aquello* que hemos sentido, pero no hemos sabido expresar con palabras. Fuimos creados para conocer a Dios y para ser conocidos por Él, y por lo tanto nunca encontraremos la satisfacción si no es en la intimidad con Él. En Dios encontramos lo que nuestros corazones anhelan, y a la luz de quién es Él, las preocupaciones de este mundo, las cosas en las que invertimos constantemente nuestras vidas, se atenúan misteriosamente.

Nuestra perspectiva cambia.

Llegados a este punto, debemos tomar una decisión. ¿Dejaremos que Dios renueve nuestras mentes, dándonos una nueva perspectiva? ¿O simplemente nos conformaremos con una manera "pequeña" de vivir y haremos que Dios sea otra simple herramienta para conseguir lo que queremos?

Fuiste creado para algo más, así que nunca estarás satisfecho con lo que has conocido hasta ahora. No silencies esa voz interior que te dice que hay más. Dios es el tema infinito. Necesitarás tanto valentía como temor para explorar las profundidades de la vida y encontrar sus más asombrosos tesoros.

Lo profundo llama a lo profundo.

TEMOR A DIOS

En Éxodo 20:20 Moisés les dice a los israelitas: "*No temáis; porque para probaros vino Dios, y para que su temor esté delante de vosotros, para que no pequéis*". Pareciera que Moisés se está contradiciendo. Básicamente está diciendo: "No teman, Dios ha venido para ver si lo temen".

En medio de toda esa ambigüedad, este versículo nos muestra claramente por qué deberíamos dejar atrás nuestra visión unidimensional del temor. Como estamos comenzando a ver, hay una gran diferencia entre *tener miedo* de Dios y *temerle a Él*.

En Éxodo 20 Dios iba a reunirse con su pueblo. Su objetivo al liberarlos de Egipto no era llevarlos a la tierra prometida. Su meta era atraer a Israel hacia sí. Esa relación era su enfoque. Él separó el Mar Rojo para lograr intimidad, pero Israel rechazó los avances de Dios. Ellos no querían una relación; querían un contrato: una lista de cosas que hacer y no hacer que les diera la vida que ellos querían. No se daban cuenta de que en la presencia de Dios encontramos la más alta consciencia de vivir. Era más sencillo para ellos quedarse con lo familiar, lo fácil. Algunos de ellos incluso querían regresar a los latigazos y las cadenas de Egipto; y cientos de males menores.

Dios, el fuego consumidor, había llegado con esplendor para restaurarlos, deshaciéndose de todo lo que no les daba vida. Pero en el terror por la supervivencia, Israel huyó de esa relación restauradora y cayó en los brazos de la religión: un capataz implacable. El plan original de Dios era que Israel fuera una nación de sacerdotes, pero ahora tendría que crear una secta sacerdotal,[3] distanciándose del pueblo al que amaba. En su bondad, les dio normas e instrucciones; cosas que les ayudarían a disfrutar lo que pudieran de la vida y pudieran ofrecerles una muestra de lo que Él quería para ellos. Pero como ellos huyeron del fuego de su presencia, no pudo darles esa restauración.

El fuego y el juicio de Dios se despliegan sobre el egoísmo que nos roba nuestra vitalidad. Israel había sido infectado por el estilo de vida de Egipto. Habían aprendido una forma de vida que debían desaprender, y por lo tanto Dios no podía llevarlos a la tierra prometida (la buena vida) sin acercarlos primero a Aquel que promete (la fuente de vida).

AQUEL QUE PROMETE

Durante cientos de años, Israel oró a Dios para que les liberara de la esclavitud de Egipto. Cuando el gran éxodo por fin llegó, fue un evento sin precedentes: una historia tan asombrosa que aún hacemos películas para contarla en todo su esplendor (por ejemplo, *El Príncipe de Egipto*).

Dios liberó a su pueblo para que pudieran experimentar la verdadera finalidad y alcance de la vida, que es Él. Pero el encaprichamiento de Israel con su libertad se había convertido en un ídolo. Ellos tenían ideas preconcebidas de lo que debía ser la libertad y la vida, así que se volvieron irritables cuando la manera de actuar de Dios no encajaba con la que ellos tenían en mente. Querían libertad sin el Libertador y tierra prometida sin Aquel que promete. Le tenían miedo a Dios, pero no le temían, así que huyeron de su gloria.

Como dice mi papá: "El temor del Señor no es tener miedo de Dios; es tener miedo de estar lejos de Dios". Temer a Dios es quedarse en su presencia, buscando conocernos a nosotros mismos a través de los ojos de nuestro Creador. Temer a Dios es vernos superados por Aquel que es perfecto en todos los sentidos: perfecto en maneras y formas que nosotros ni siquiera sabemos que existen.

Temer a Dios es conocer la belleza de la Vida.

Moisés tenía miedo de estar lejos de Dios porque en Dios había visto algo completamente diferente a cualquier otra cosa que hubiera visto o conocido. En Dios, vio algo y alguien que era realmente diferente. Sabía que no existía vida verdadera lejos de Dios, y esa es la razón por la que Moisés se acercaba a Dios. Moisés le temía. Moisés rindió su vida a las verdades de Dios. Él encontró a Dios en el monte, y mientras estuvo perdido en la presencia de Dios durante cuarenta días y cuarenta noches, Israel, el pueblo que tenía miedo de Dios y tan solo quería reglas que seguir, estaba en el valle "rompiendo las reglas" y humillándose a sí mismo (ver Éxodo 32). Sus decisiones eran evidencia de que nunca habían conocido el aire montañoso de la vida superior.

Frustrado con su pueblo, Dios le sugiere a Moisés que guíe a Israel a la tierra prometida sin Él. Para hacer el trato más atractivo, Él enviaría un ángel de guerra que expulsaría a los enemigos de Israel. Si esta oferta se hubiera hecho a las masas, habría habido gritos ensordecedores de "¡ángel!". Pero escucha la respuesta de Moisés a la oferta de Dios: *"Si tu presencia no ha de ir conmigo, no nos saques de aquí"* (33:15).

Moisés había aprendido que no había muchas cosas más allá de la presencia de Dios. Israel había visto el poder de Dios, pero Moisés estaba aprendiendo los caminos de Dios. Israel quería resultados; Moisés anhelaba una relación.

No tengo dudas de que Moisés estaba emocionado por poseer la tierra prometida, pero le interesaba mucho más ser poseído por Aquel que promete. Moisés sabía que las tierras vienen y van. Sabía que tenían por delante días de victoria y días de derrota. Sabía que la vida no se limita a un momento particular en el tiempo; se trata de estar conectado a Aquel que trasciende al tiempo.

Tristemente, una generación entera de israelitas se perdió la buena vida (la tierra prometida). Cuando llegó su liberación, se hizo evidente que su encarcelamiento era interno. Un cambio de escenario no cambiaría nada; de hecho, lo único que habría hecho la tierra prometida sería hacer que les resultara más difícil reconocer su condición. Dios, en su misericordia, amplió su tiempo en el desierto, ofreciéndoles una oportunidad para conseguir la verdadera libertad.

Nuestro buen Padre no nos librará de las dificultades cuando sabe que esas dificultades nos librarán de nosotros mismos.[4]

FALTA DE ABUNDANCIA

En América vivimos en una tierra de promesa; una tierra que fluye leche y miel. Hay abundancia por todos lados. Se calcula que tiramos productos agrícolas por un valor de 160 mil millones de dólares cada doce meses.[5] Esa cantidad es suficiente para alimentar países enteros durante un año.

La belleza y la abundancia nos rodean. La vida está llena de buenos regalos. Pero es fácil perder de vista al Dador por estar pendientes de los regalos. Estos regalos son increíbles y llenan nuestras vidas de color, pero no crean vida.

> La civilización moderna ha elevado el nivel material de millones de personas mucho más allá de lo que se podía esperar en el pasado, [pero] ¿ha conseguido hacer que la gente sea más feliz? A juzgar por el conjunto de la literatura moderna, la respuesta sería "no"; y en algunos aspectos, incluso deberíamos decir que ha conseguido lo contrario.[6]

Aun así, ¿cuántas veces encontramos consuelo o alegría al creer que "la siguiente cosa" nos dará lo que nos falta? El siguiente empleo, ese otro matrimonio, las siguientes vacaciones, ese otro dispositivo, la siguiente oportunidad, esa otra casa, el siguiente ascenso... la lista no tiene fin. Encontrar la dignidad y la estabilidad en estas cosas crea una esperanza pervertida. Es la clase de esperanza que hace que el corazón se enferme. Parece esperanza, pero le falta sustancia.

Nuestros avances en la ciencia, la medicina y la tecnología son increíbles. Vivimos con un confort y una seguridad sin precedentes, y conocemos más cosas que nunca sobre nuestra anatomía y bioquímica; sin embargo, la depresión y el suicidio siguen en aumento. Incluso el psicólogo James Hillman, seguidor de Jung, tituló uno de sus libros *Hemos tenido cien años de psicoterapia y el mundo va peor*.[b]

Existen un sinfín de opciones para distraernos del dolor y la incomodidad que son consecuencia de no sacar el máximo provecho a la vida. Es común que muchos de nosotros nos desplacemos por nuestro *feed* en Internet mientras nos lavamos los dientes o esperamos ante un semáforo en rojo. No creamos espacios para la reflexión profunda y no nos esforzamos por conocer la condición de nuestras almas.

¿Cómo podremos conocer lo que hace a Dios diferente cuando nos da miedo quedarnos quietos? Como escribió T. S. Eliot:

> Conocimiento del habla, pero no del silencio
>
> Conocimiento de palabras, e ignorancia de la Palabra...
>
> ¿Dónde está la Vida que hemos perdido al vivir?[7]

Muchos líderes de pensamiento han reconocido nuestra adicción a la actividad incesante y ahora recomiendan la

b. *Para que conste, sí creo que existe la terapia saludable, especialmente si el terapeuta dirige al paciente hacia la sanidad verdadera y no solo calma los síntomas para crear dependencia clínica.*

meditación y la contemplación. Es mi esperanza que tales prácticas hagan que los ruidos disminuyan y despierten los sentidos. Si guardamos silencio, veremos que hay ciertas preguntas rudimentarias (y respuestas) sobre la pertenencia, el propósito y la identidad que debemos reconocer si queremos disfrutar de la vida superior que Dios tiene para nosotros.

Yo creo que se acerca un gran avivamiento. Las personas saldrán de su estado de estupor y se darán cuenta de que han estado medicadas durante demasiado tiempo.

De muchas maneras diferentes, nuestro mundo dirigido por la tecnología está acelerando las reiteraciones de la búsqueda humana, creando más decepciones en menos tiempo. Hemos pasado de utilizar un único anzuelo para pescar en el mar del significado de las cosas, a utilizar redes gigantes. Estamos pescando más peces que nunca, pero el problema es que ninguno de esos peces es el que buscamos. Las personas se frustran porque pareciera que con el número de peces que estamos sacando, deberíamos pescar el adecuado.

A pesar de nuestro necio egocentrismo, Dios sigue siendo paciente con nosotros. Como padre, a veces me cuesta no darles a mis hijos las respuestas que buscan. Cuando estaba enseñando a leer a mi hija Sophia, me suponía un esfuerzo enorme no leer la palabra por ella. Ella batallaba durante lo que parecían minutos (a pesar de que seguramente serían solo unos cuantos segundos). Yo veía su angustia y quería salir al rescate para darle la palabra adecuada, pero sabía que mi intervención simplemente inhibiría el crecimiento real. Sí, con mi ayuda ella terminaría de leer el libro más rápido, pero seguramente tendría la misma dificultad la siguiente vez que lo leyera.

Pedro escribe que Dios es paciente porque no quiere que ninguno perezca (ver 2 Pedro 3:9). Como un Padre bueno, Él quiere restaurarnos. Una vez escuché que alguien describía la historia como una agonía divina; Dios deseando darnos su vida.[8] ¿No te asombra su paciencia? A pesar del hecho de que lo rechazamos fielmente, Él nos ofrece su vida fielmente.

Pero Dios no nos dará vida bajo nuestros propios términos, y por esa razón, la vida verdadera acabará siendo diferente a lo que esperamos.

EL FUEGO DE DIOS

Dios es un fuego consumidor. Cualquier cosa que no venga de Él será expuesta y eliminada. Dios no nos juzga para deshacerse de nosotros, Él nos juzga para deshacerse de las cosas que se desharían de nosotros.

En este sentido, el fuego de Dios no se parece al fuego terrenal: mientras más te acerques, menos quema. Sí, esos primeros pasos son insoportables y producen un aroma espantoso, pero ¿no es eso lo esperado? Algo se está muriendo, y la muerte es desagradable y repugnante. Pero a medida que caminamos hacia la gloria de Dios, el dolor se convierte en promesa; la promesa de que Él no nos abandonará. La promesa de que Él sí nos *amará* hasta que seamos restaurados y seamos hechos bellos, sin importar lo que le cueste.

La bondad, la gracia y la misericordia de Dios nos ayudan en nuestra muerte al yo. Dios nunca pierde de vista nuestro Verdadero Yo, y Él infunde fe, esperanza y amor a nuestro camino de liberación. Su fe nos ofrece el poder para ir más allá de los límites de nuestra humanidad caída. Su esperanza nos ofrece una imagen hacia la cual correr, y su amor trabaja siempre en nosotros, abriendo nuestros ojos para que veamos las maravillas de la vida.

Este es nuestro Dios, y no hay nadie como Él.

LA VISIÓN DE ISAÍAS

> *En el año que murió el rey Uzías vi yo al Señor sentado sobre un trono alto y sublime, y sus faldas llenaban el templo. Por encima de él había serafines; cada uno tenía seis alas; con dos cubrían sus rostros, con dos cubrían sus pies, y con dos volaban. Y el uno al otro daba voces, diciendo: Santo, santo, santo, Jehová de los ejércitos; toda la tierra está llena de su gloria. Y los quiciales de las puertas se estremecieron con la voz del que clamaba, y la casa se llenó de humo. Entonces dije: ¡Ay de mí! Que soy muerto; porque siendo hombre inmundo de labios, y habitando en medio de pueblo que tiene labios inmundos, han visto mis ojos al Rey, Jehová de los ejércitos. Y voló hacia mí uno de los serafines, teniendo en su mano un carbón encendido, tomado del altar con unas tenazas; y tocando con él sobre mi boca, dijo: He aquí que esto tocó tus labios, y es quitada tu culpa, y limpio tu pecado. Después oí la voz del Señor, que decía: ¿A quién enviaré, y quién irá por nosotros? Entonces respondí yo: Heme aquí, envíame a mí.* (Isaías 6:1-8)

El sexto capítulo de Isaías me produce escalofríos. Es uno de los pocos relatos (casi) desenfrenados acerca de Dios. En esta escena, Isaías, un hombre santo y profeta, se encuentra en la presencia de Dios, sobrepasado por el asombro que le produce YHWH: Aquel que es autosuficiente.

La mayoría de los eruditos creen que Isaías experimentó una visión celestial, una visión que iba más allá de los límites de su vocabulario y conocimiento. En su futilidad, Isaías recurrió al lenguaje oscuro. Declaraciones metafóricas como "*sus faldas llenaban el templo*" (quién sabe lo que significa eso) eran necesarias porque estaba teniendo dificultades para expresar con palabras lo que estaba viendo.

Ezequiel tuvo un encuentro similar con el Santo (Ezequiel 1). Su descripción tiene, incluso, más metáforas y adjetivos ambiguos. De hecho, Ezequiel parece un estudiante de secundaria intentando describir a una persona: "Ya sabes, es así como esa persona, ya sabes, como así". Pero en lugar de decir "ya sabes", "así como" y "como", Ezequiel usa "*como*", "*a semejanza de*", "*su aspecto era como*", "*algo que parecía*" y "*así era el parecer del resplandor alrededor*".

No me estoy metiendo con los estudiantes de secundaria. Nuestro mundo desprecia la idea de la objetividad, por lo que los adjetivos y calificativos ambiguos están ampliamente extendidos en el habla (y no solo entre los adolescentes). Simplemente quiero resaltar que tanto Ezequiel como Isaías tuvieron dificultades para expresar lo que estaban viendo.

Como humanos, aprendemos por asociación. Construimos sobre conocimientos previos para aprender cosas nuevas. Todo lo que entendemos lo entendimos al entender otra cosa antes (¿así o más confusa la frase?).

Si observas nuestros grandes inventos, puedes seguir su evolución de manera inversa, llegando de nuevo a ideas rudimentarias e inventos básicos. Nuestros razonamientos complejos e innovaciones simplemente son una combinación de viejas ideas. Como seres creados, podemos manipular la creación, pero solo Dios tiene el poder de crear algo verdaderamente nuevo.

Dios pertenece a una categoría completamente diferente, de la cual es dueño exclusivo. "Por eso no podemos pretender construir una escalera de [lógica] para subir de nuestro mundo al suyo, igual que no podemos pretender construir una escalera de éxitos morales y así llegar a ser lo suficientemente buenos como para estar en su presencia".[9]

SANTO, SANTO, SANTO

Tanto Ezequiel como Isaías se encontraron en la presencia de algo y alguien que era completamente *diferente*.

En sus relatos acerca de Dios, ambos hombres escribieron acerca de criaturas extrañas que eran dignas de mencionar. Hay mucha especulación acerca de qué son realmente estas criaturas, pero mi meta no es convencerte de lo que son. Solo quiero que te fijes en lo que estaban haciendo.

Podemos encontrar estas criaturas también en el libro de Apocalipsis. Día y noche proclaman "*Santo, Santo, Santo*" (4:8).

Es importante resaltar que la palabra "santo" no se repite tres veces para crear una melodía. En realidad, en el idioma hebreo, la repetición de una palabra se utiliza para expresar una idea superlativa.[10] En este caso, la palabra clave es *superlativa*, que comunica el más alto grado de calidad. En el versículo al que nos referimos, la triple proclamación es la forma más elevada de honor. Es el grado de santidad que tan solo le pertenece a Dios; una santidad que se encuentra y se experimenta en la dimensión de Dios, o el tercer cielo.[11] Sería más apropiado imaginarse a estas criaturas declarando o anunciando la santidad de Dios en lugar de cantando acerca de ella.

Las criaturas no declaran amor, amor, amor. ¿Es Dios amor? Sí, por supuesto. Pero el amor no es la cualidad superlativa de

Dios. Su santidad es lo que hace que su amor sea trascendente. Las criaturas están reaccionando a lo asombrosamente diferente que es Dios. Esto es lo que significa *santo* o *santidad* en su forma más pura: no hay nadie como Dios; Él es distinguido, radicalmente *diferente*[12]. Esta es la razón por la que la santidad de Dios es el fundamento del resto de sus cualidades trascendentes, incluido el amor. Lo que declaran las criaturas después de proclamar santo:

> *Toda la tierra está llena de su gloria.* (Isaías 6:3)
>
> *El que era, el que es, y el que ha de venir.* (Apocalipsis 4:8)

Ambas expresiones de asombro nos acercan a lo que las criaturas están contemplando. En el relato de Isaías, las criaturas declaran el alcance expansivo de las maravillas de Dios y su majestad. No hay nada que esté fuera de su alcance. En el relato de Juan en Apocalipsis, las criaturas celebran la naturaleza eterna de Dios; lo que le hace radicalmente *diferente* a su creación. En cierto modo, también están profetizando acerca de eventos futuros cuando una mayor medida de la majestad de Dios será revelada a nuestro mundo, transformando nuestras vidas y completando nuestra metamorfosis como el pueblo de Dios, el pueblo de Aquel que es diferente.

La palabra hebrea para *santo* en Isaías 6 es *qadosh*. Esta palabra es casi imposible de definir porque no tenemos un lenguaje lo suficientemente robusto como para describir cuán radicalmente diferente es Dios. Los mejores intentos por definir esta palabra incluyen perfecto en bondad y justicia, distinguido, sagrado y consagrado. Desgraciadamente, ninguna de estas palabras hace justicia a la santidad de Dios (su *qadosh*), y esta desconexión ha causado que nosotros nos creemos nuestra propia idea de la santidad, un concepto que es sinónimo de bondad moral.

El problema con eso es que no podemos medir la altura de la bondad moral de Dios. Sus caminos son más altos que nuestros caminos (ver Romanos 11:33-36). Pero podemos quedarnos asombrados observando lo diferente que Él es (ver 1 Corintios 2), y cuando lo vemos en su verdadera forma por medio del Espíritu (ver 2 Corintios 3:16-18), nos volvemos más semejantes a Él, participando de su naturaleza divina (ver 2 Pedro 1:3-4). A medida que descubrimos la santidad de Dios, nos volvemos más semejantes a Él. Encontramos lo que nos hace a nosotros diferentes: la vida que tenemos como nuevas criaturas en Cristo.

Santo y *santidad* sí comunican una forma de moralidad, pero cualquier expresión de esa forma es posterior y se construye sobre la verdad de lo diferente que es Dios (y lo diferentes que somos nosotros en Cristo). Otra definición de *Santo* (*hagios*) es "aquel que es santo",[13] o aquellas personas que pertenecen a ese Dios tan radicalmente diferente. Somos personas que han sido llenas de la naturaleza de Dios y, en cierta medida, compartimos una forma a su semejanza.

Esto que nos hace diferentes solo puede descubrirse mediante la fe: una fe que se expresa mediante la rendición. El camino de conocer a Dios nos invita a confrontar la oscuridad y la muerte. La oscuridad porque nos adentramos en lo desconocido, y la muerte porque debemos morir al viejo yo y desechar nuestras insípidas definiciones de la vida, el amor, la santidad y la restauración. Pero a medida que avanzamos en el camino, la oscuridad se convierte en luz y la muerte se transforma en vida nueva: el único tipo de vida que vale la pena vivir.

SIN PALABRAS

Volvamos a la interacción de Isaías con Dios: "*¡Ay de mí! Que soy muerto; porque siendo hombre* ***inmundo de labios****, y habitando en medio de pueblo que tiene* ***labios inmundos****, han visto mis ojos al Rey, Jehová de los ejércitos*" (Isaías 6:5).

En el capítulo anterior, Isaías estaba desafiando a los egoístas, a los borrachos, a los malhechores, y demás. Pero ahora clama: "*¡Ay de mí! Que soy muerto; porque siendo hombre inmundo de labios, y habitando en medio de pueblo que tiene labios inmundos...*" (énfasis añadido).

Algo debió haber cambiado.

La explicación obvia e inmediata del repentino cambio en la actitud de Isaías fue su consciencia de su inferioridad moral en presencia de la pureza de Dios. Pero con suerte, estarás comenzando a ver que la historia esconde algo más. El clamor de Isaías no era una respuesta por ver a Dios abstenerse de hacer cosas malas. En cambio, Isaías se vio perdido en Aquel que no tiene ni principio ni fin.

El término "*que soy muerto*" se podría traducir más adecuadamente como "debo estar callado".[14] Realmente Isaías estaba como muerto porque se había quedado sin palabras. ¿Cómo podría Isaías, un mero mortal (limitado por el tiempo, el espacio y la materia) articular palabra ante algo más allá del entendimiento de cualquier punto de referencia? ¿Cómo podría encontrar palabras para describir a Aquel que es radicalmente diferente? Esta es la desesperación que sintió Isaías, un profeta de Dios, en ese momento.

Como profeta, se esperaba que Isaías fuera un portavoz de Dios. Se esperaba que él llevara a la gente de regreso al corazón de la verdad. Pero ahora que Isaías había visto a Dios, clama:

"*¡Ay de mí!*". En ese momento, todo lo que Isaías conocía fue puesto en duda, especialmente su llamado y su identidad. Él pensaba que era un hombre de Dios, pero ahora ya no estaba tan seguro. Pensaba que era un portavoz de Dios, pero ahora eso parecía imposible.

Entonces Dios hizo lo que solamente Él puede hacer. Su amor santo lo impulsó a cruzar la gran división; la que nunca podría cruzarse por medio de simples palabras y lógica: "*Y voló hacia mí uno de los serafines, teniendo en su mano un carbón encendido, tomado del altar con unas tenazas; y tocando con él sobre mi boca, dijo: He aquí que esto tocó tus labios, y es quitada tu culpa, y limpio tu pecado*" (vv. 6-7).

Es cierto que Isaías tenía una consciencia profunda de sus pecados y de sus fallos. Pero lo más importante aquí es que Isaías era consciente de su inhabilidad para expresar con palabras la gloria y las maravillas que había ante él. En otras palabras, tuvo una revelación innegable de lo que hace a Dios tan radicalmente diferente, pero sabía que sencillamente no exis-tían palabras para describir a Aquel que es simplemente YO SOY.

Es muy importante destacar que el carbón encendido de la presencia de Dios (el más alto estado de consciencia y entendimiento) fue puesto sobre la boca de Isaías. Dios estaba respondiendo al clamor de Isaías de "debo estar callado". Isaías se humilló en la presencia de Dios, y como resultado Dios le dio la capacidad de entender y hablar. Isaías no había hecho nada para merecer tal regalo. Este regalo de la presencia de Dios era una muestra del logro del futuro Mesías, cuando Cristo aseguraría nuestro perdón, purificación, expiación, y nueva vida en su Espíritu.

Después de recibir este regalo de conocimiento, Isaías se ofreció voluntario para ser el mensajero de Dios. El hombre que clamó "*¡Ay de mí!*" había sido lleno de vida. El hombre que dijo "debo estar callado" rebosaba palabras. Seguidamente, Isaías escribió una obra de arte; un libro que ha sido venerado por milenios, y todo porque tuvo un encuentro con el Dios radicalmente diferente.

Cuando Isaías vio a Dios, todo cambió.

TEMBLANDO

Como mencioné anteriormente, el profeta Ezequiel tuvo un encuentro similar. Él también se vio desesperadamente abrumado por el Dios que es singular y diferente. Como Isaías, Ezequiel también era un profeta, un hombre santo. Pero después de tener una visión del cielo (la dimensión de Dios), cayó al suelo sobre su rostro en adoración y terror. Su mente simplemente no podía procesar lo que sus ojos estaban viendo. Pero entonces Dios dijo: "*ponte sobre tus pies, y hablaré contigo*" (Ezequiel 2:1). Y una vez más, Dios hizo lo que solamente Él puede hacer. Cruzó la división eterna convirtiéndose en el puente: "*Y luego que* [Dios] *me habló, entró el Espíritu en mí y me afirmó sobre mis pies, y oí al que me hablaba*" (v.2).

El Espíritu de Dios, el Espíritu que se movía sobre las aguas y creó la vida en el principio (y sostiene la vida hoy), es el agente de la nueva creación. El Espíritu de Dios entró en Ezequiel y le dio la capacidad de expresar con palabras y seguir sus caminos. Eso que hace tan radicalmente diferente a Dios invadió a Ezequiel, y él se convirtió en un nuevo hombre. Ezequiel se encontró lleno de valentía y confianza, rebosando palabras que todavía nos desconciertan y nos inspiran hoy.

San Agustín escribió: "¿Qué es aquello que resplandece en mí y golpea mi corazón sin herirlo? Estoy temblando y a la vez brillando. Temblando por lo diferente que soy a ello, y brillando por lo que me parezco a ello".[15] Cuando temblemos en la presencia de Dios, brillaremos en nuestro mundo. Y eso es exactamente lo que les pasó a Ezequiel y a Isaías.

Dios ha ideado una forma para que podamos conocerlo profundamente e íntimamente, pero eso no puede suceder hasta que, primeramente, le temamos a Él, asombrados ante su santidad, amor y belleza, estando nuestro falso yo abrumado por su diferencia. "Cuando aceptamos que lo desconocido es desconocido", escribió H. A. Williams, "lo desconocido, paradójicamente, se hace conocido".[16]

La distancia a la que se encuentra Dios, siendo sus caminos mucho más altos que los nuestros, de alguna manera lo acerca a nosotros. El Dios que puede medir el universo con sus manos conoce las sutilezas del corazón. Tu corazón, para ser más específicos. Contrariamente a lo que sucede con los gigantes terrenales de la cultura, la grandeza de Dios lo hace más accesible. Él no pierde la conexión con la realidad porque la realidad fluye a través de Él. No puede olvidarse de ti porque tú estás en Él, moviéndote, siendo y existiendo a través de su aliento.

"Servid a Jehová con temor, y alegraos con temblor" (Salmos 2:11). El gozo abunda en la presencia de Aquel que nos hace temblar en lo más profundo. Cuando nos estremecemos en la presencia de Dios, Aquel que es YO SOY EL QUE SOY, nos sacudimos todo aquello que no somos. Se produce un regreso metamórfico y a veces violento a nuestro Verdadero Yo: nuestro yo original. Somos transformados por medio del temor de Dios,

y en su asombrosa presencia encontramos nuestra verdadera huanidad; encontramos la vida.

A la luz de la grandeza de Dios, nuestro falso yo pierde su esplendor y nos damos cuenta de que la vida a la que nos hemos aferrado tan desesperadamente es simplemente un espejismo. Pero no podemos adentrarnos en todo lo diferente que Dios tiene para nosotros si nos negamos a aceptar cuán diferente es Él. Aquellos que se acercan a Él deben considerarlo santo, y por eso nosotros, los santos, debemos alabar a Dios con asombro. Después de todo, "un Dios que podemos entender no es Dios".17

> *Temed a Jehová, vosotros sus santos, Pues nada falta a los que le temen.* (Salmos 34:9)

El temor del Señor es una invitación a la intimidad y a la vida que va más allá de todo lo que hayamos podido conocer. La pregunta es: ¿entraremos en *intimidad* con este Dios, o huiremos de los brazos de la Vida?

Debemos volver a una sensación de asombro casi infantil. Hemos hecho que todo esto sea demasiado seguro y demasiado familiar; y al hacerlo, hemos hecho que nuestras vidas sean pequeñas.

LOS DEDOS DE DIOS

Era la hora de ir a la cama en casa de los Bevere, lo cual significa que mis hijos pueden pensar preguntas secretamente que puedan añadir otros veinte minutos más o menos a su rato de estar despiertos. Pero esta noche en particular no fue una pregunta la que provocó nuestro diálogo nocturno. Fue un comentario.

Asher, que tenía en ese momento siete años, comentó: "Papá, me gustaría visitar los lugares donde aún se pueden ver las huellas de Dios. ¿Podrías llevarme a ver esos lugares?".

Al principio, no sabía cómo responder. A decir verdad, realmente no sabía de lo que él estaba hablando. "Asher", respondí, "¿a qué te refieres con las huellas de Dios?".

Sin dudar, Asher replicó: "Ya sabes, papá, los agujeros que hay en la tierra y que se formaron cuando Dios hizo girar la tierra por primera vez. Quiero ir a ver esos agujeros... Los que hicieron sus dedos al agarrar la tierra".

Cuando veo tus cielos, obra de tus dedos.... (Salmos 8:3)

Casi le digo a Asher que la cosa no funciona así. Casi le doy teoría, ciencia y religión truncadas.

Pero el Espíritu de Dios me detuvo. El entendimiento de Asher acerca de la formación de la tierra seguramente estaba más cerca de la verdad de lo que la ciencia puede llevarnos. El Espíritu, después de todo, se movía sobre las aguas como una mamá que incuba a sus pequeños. Se puede palpar la ternura en ese mover. La materia (el agua, el aire, el polvo) es preciosa para Dios, y a Él claramente le gusta ensuciarse las manos.

Después de reflexionar durante meses sobre el comentario de Asher, estoy convencido de que las huellas de Dios nos rodean por todas partes. Vivimos a la sombra de ellas, hacemos negocios en sus acantilados, y conducimos por sus pasillos. La belleza de la naturaleza nos invita a tener intimidad con el Creador.

El resumen de Pablo es brillante: "*Así que, amados, puesto que tenemos tales promesas* [de intimidad con Dios], *limpiémonos de toda contaminación de carne y de espíritu, perfeccionando la santidad en el temor de Dios"* (2 Corintios 7:1). La santidad de Dios, aquello diferente que nuestros corazones anhelan, se despierta en nosotros a medida que tememos a Dios íntimamente. Corre a los brazos de tu Padre, y pídele ojos para verlo tal cual es. El Amante de tu alma está a tu puerta y llama. Cuando lo invites a entrar, Él llenará tu alma con lo eterno y te dará las únicas cosas que vale la pena tener. Hazte rico en amor, hazte rico en sabiduría y gracia, hazte rico en Él. Y desde ahí, desde ese lugar de abundancia, entrega todo lo que tienes aquí y ahora a aquellos que todavía no saben cuán maravillosos son.

ADENTRÁNDONOS EN EL TEMOR

Porque tú formaste mis entrañas;
Tú me hiciste en el vientre de mi madre.
Te alabaré; porque formidables, maravillosas son tus obras; Estoy maravillado, y mi alma lo sabe muy bien.
–Salmos 139:13-14

¿No te parece extraño ahora que se use el término *temor reverente* en Salmos 139:14?[c] Me gusta mucho que el autor inspirado use *temor* al describir el proceso íntimo de la creación.

El versículo 14 podría tener una mejor traducción: *"por hacerme una obra maravillosamente apartada* [palah] *con temor reverente* [yare]" (traducción del autor). Es interesante que el salmista también escribe: *"y mi alma lo sabe muy bien"*. En lo profundo de nuestro ser, sabemos que fuimos creados para algo más. Y eso nos asusta. Después de todo, ¿qué es exactamente

c. El término *temor reverente* aparece en las versiones NIV y KJV en inglés. Las distintas versiones en español carecen de este matiz, y usan la palabra *maravillosas* para describir las obras de creación de Dios. (N.T.)

ese más? Pero el salmista nos dice que no temamos a nuestra diferencia: eso que nos sitúa apartados. Es un regalo de Dios. Es un regalo de lo diferente de Él.

Sin embargo, a menudo negamos que somos una creación apartada con temor reverente porque eso requeriría demasiado de nosotros. Convertimos este hecho en un amo de esclavos en lugar de permitir que sea nuestro libertador. Nos esclaviza porque no tenemos ojos para ver cómo nos ve Dios. Pero no tener ojos para ver no cambiará quiénes somos más de lo que la ceguera puede cambiar el color de nuestra piel. De modo similar, no podemos negar nuestro Verdadero Yo de existencia, sea que lo "veamos" o no. Después de todo, es el único yo real.

Somos hechos una obra maravillosa y apartada con temor reverente. Punto.

Con ese conocimiento viene la confianza y la humildad que nos impulsan a una consciencia de la grandeza de Dios en nuestro interior. Dios obra en paradojas, de modo que, aunque pueda parecer como si confianza y humildad vivieran en polos opuestos, la restauración y la sanidad requieren de nosotros que situemos ambos en el centro de nuestro ser, negándonos a reducir o eliminar ninguna de esas cualidades. En esta intersección de confianza y humildad encontramos vulnerabilidad.

Que Dios se hizo hombre fue el acto supremo de vulnerabilidad. Él no solo se ganó nuestros corazones mediante una batalla metafísica que estaba por encima del alcance de la comprensión humana. Él vino a la tierra como uno de nosotros. Fue traicionado, abandonado, tentado y, finalmente, gustó la muerte. Él sangró nuestra sangre, sudó nuestro sudor, lloró nuestras lágrimas, recorrió nuestros caminos. Jesús conoció íntimamente nuestro gozo y dolor, sin retener nada para que nosotros pudiéramos tenerlo todo.

Observemos que el salmista sigue escribiendo: "*maravillosas son tus obras*". La creación de Dios está llena de maravilla, y la humanidad es la cúspide de su diseño. Somos nosotros quienes fuimos creados a su imagen. Él nos ha dado todo: vida y amor en su plenitud.

El salmista no puede proclamar la excelencia de Dios y al mismo tiempo negar su propio valor intrínseco y belleza, y nosotros tampoco podemos hacerlo. Negar nuestro valor es negar el poder creativo de Dios. Es negar su gloria. Podríamos pensar que esto suena humanista, pero yo argumentaría que ninguna otra persona ha visto tanto potencial en la humanidad. Jesús conoce cómo operamos interiormente; Él participó en darnos vida. Él sabe cómo somos y de lo que somos capaces.

Fuimos hechos una obra maravillosamente apartada con temor reverente porque fuimos creados para la intimidad. Fuimos creados para la presencia de Dios. Fuimos creados en su amor. Nuestras profundidades y nuestras capas y entrañas son evidencia de la obra de sus manos. Clamamos junto con el rey David: "*¿Qué es el hombre, para que tengas de él memoria?*" (Salmos 8:4). Y Dios responde: "Tú lo eres todo para mí. Después de todo, yo te formé íntimamente en el vientre de tu madre. Ahora adéntrate en mi amor y conoce la vida sin medida" (paráfrasis del autor).

INTIMIDAD

Cuando yo era niño, *intimidad* era la palabra que usaban mis padres cuando se sentían incómodos con decir *sexo*. Por mucho tiempo, yo percibí sexo e intimidad como palabras sinónimas.

Pero intimidad es obviamente mucho más que sexo y llega más lejos que las relaciones matrimoniales. El diccionario *Merriam-Webster* define íntimo como "perteneciente a o que caracteriza la naturaleza más profunda de alguien".[1]

¿Captaste eso? "La naturaleza más profunda de alguien". La intimidad se convierte en un espejo que refleja las partes ocultas de nuestro ser. La verdadera intimidad desmantelará nuestras fachadas, dejándonos expuestos, con verrugas y todo lo demás.

No hay nada que dé más miedo que la intimidad; probablemente por eso la denominamos "aterradoramente cerca". Algunos creen incluso que nuestra palabra *intimidad* evolucionó del latín *in timor,* o "en el temor".

La intimidad rodea nuestras barreras. Se remonta más allá de los muros de la superficialidad y aterriza en las llanuras de la autenticidad y la vulnerabilidad. Nos llama a vivir por encima de nosotros mismos, profundizando para dar más. Sin ella no podemos amar y ser amados. Sin intimidad, no podemos llegar a ser nuestro Verdadero Yo.

Por eso es aterradoramente maravillosa.

La intimidad verdadera no ofrece lugar alguno para la autopreservación, que –como vimos en el capítulo anterior– es la raíz del temor. El diseño de Dios para la intimidad requiere un intercambio de personas: una entrega de nuestras vidas. Le entregamos a Dios nuestro viejo yo, y Él nos da un nuevo yo lleno de su vida. Este intercambio es la antítesis de la autopreservación y encarna el amor en su mejor versión.

Este intercambio es la gran zambullida en el temor.

El reto es que no tenemos un modelo para el intercambio radical. En un tiempo, el matrimonio se consideraba sagrado porque era lo más cercano a un intercambio así. La Escritura usa el pacto matrimonial para crear un destello de la devoción de Dios por nosotros. En la actualidad, los matrimonios se desechan como si fueran la basura de la semana pasada, y nos quedamos preguntándonos si la trascendencia del amor desinteresado realmente existe.

Trágicamente, nuestro temor a *amar* nos ciega a nuestro merecimiento *del amor*. Perseguimos la autopreservación incansablemente porque no comprendemos cuál es nuestro valor intrínseco. Acaparamos lo que sí tenemos porque parece pequeño, y nos aterra que otras personas descubran nuestra pequeñez. Lo que tenemos es demasiado "pequeño" para compartirlo. Esta mentalidad evita que disfrutemos la intimidad que Dios diseñó para nosotros, tanto con Él como con los demás.

Pero cuando nos adentramos en el temor y llegamos a ser íntimos de Aquel que dio su vida por nosotros, perdiendo nuestra aparente pequeñez en la grandeza de Él, abrazamos al único que tiene el derecho de establecer nuestro valor. En este abrazo íntimo encontramos la valentía para descubrir y llegar a ser la persona que Él nos creó para que fuéramos. Y desde este lugar de rendición, encontramos la perspectiva para amar sin temor.

TEMOR A AMAR

Cuando las personas no saben que son hechas con temor reverente, huirán de las relaciones profundas. No es ninguna sorpresa que el temor arruina más relaciones que ninguna otra cosa.

Mi esposa Julianna era una de esas muchachas muy fiesteras y que manejaban a los muchachos como marionetas. Mediante una secuencia extraña de eventos, nos conocimos y disfrutamos de una charla ingeniosa. Ella pensaba que yo era agradable y diferente, así que salió con el "muchacho cristiano". Lo que ella no sabía era que yo iba a lo loco y coquetearía para persuadirla (muy bien, eso no es cierto, no había tenido un noviazgo en mucho tiempo).

Pero una semana después de nuestra primera cita, supimos que queríamos casarnos. En aquel momento, mi esposa vivía en Texas y había hecho planes para estudiar en una universidad estatal, pero una semana después de conocerme decidió mirar el instituto bíblico.

Yo estaba perplejo por su decisión. Intenté explicarle que no tenía que ir a un instituto bíblico para ser cristiana, pero ella estaba decidida a dar el salto y hacer algo de lo que se habría burlado tan solo un par de semanas atrás.

Cuando nos conocimos, ella no sabía mucho sobre Dios o la Biblia. Le pregunté qué decía Juan 3:16 y ella no pudo decírmelo. Su analfabetismo religioso, algo que me resultaba muy atractivo, le hacía sentirse inadecuada y mal posicionada para estar enamorada del hijo de un predicador.

Julianna terminó escogiendo una escuela intensa y legalista que básicamente se apoderó de su vida. El programa estaba diseñado para desarrollar la mente, cuerpo y espíritu de la persona. Los estudiantes corrían maratones, escalaban montañas, iban a las misiones, y otras cosas. Este programa no era para los pusilánimes, y muchas personas abandonaron la escuela.

Al enterarse de que Juli y yo estábamos enamorados y queríamos casarnos algún día, el liderazgo de la escuela decidió eliminarme de la vida de Juli. Esencialmente, lo hicieron prohibiendo cualquier comunicación. Ni siquiera nos permitían escribir cartas. Durante 275 días ninguno de los dos tenía permitido afirmar nuestro amor mutuo. Desde luego, eso no me impidió escribirle cada día; solo que no me permitían enviar las cartas. Tras 275 días, yo tenía más de cuatrocientas páginas que darle.

Durante nuestro periodo de separación tuve que pelear contra muchos temores. Temores que intentaban evitar que la amara sacrificialmente. Temores que intentaban convencerme de que su relación con Dios era una farsa y que pronto estaría coqueteando con los muchachos nuevos en la escuela.

Pero seguí haciendo retroceder mis temores corriendo hacia ellos. Seguí derramando lo que había en mi corazón en aquellas páginas. Desmantelaba los temores escribiendo en fe. Cada día le recordaba a Julianna mi amor por ella y la persona que Dios estaba recreando en ella. Sabía que ella se sentía indigna e inadecuada, y por eso llené páginas con declaraciones proféticas sobre su sabiduría y esplendor. Estoy seguro de que había alguna parte de mí que creía que esas palabras podían escaparse de su cárcel de papel y viajar hasta el corazón de Julianna sobre las alas del amor verdadero. Ya sabes, cosas del tipo de películas como *La princesa prometida*.

Yo sabía que Dios me había llamado a amarla, de modo que iba a amarla lo mejor que pudiera, incluso si ese amor resultaba ser un desamor doloroso. El tiempo que estuvimos separados forjó un amor desinteresado en mí. Llegué a aceptar el hecho de que ella podría salir del programa y no amarme ya más.

Pero tras 275 días me encontré en los brazos de una mujer que había cambiado profundamente y al mismo tiempo seguía siendo la misma, una mujer que era capaz de amarme más profundamente. Julianna se había encontrado en los brazos eternos del Amor, y estaba comprometida a amarme desde ese lugar de confianza y rendición.

Nos casamos cuatro meses después, y ahora llevamos casados más de una década y tenemos cuatro hijos. No voy a decir que nuestra relación es perfecta, pero es algo especial.

Los dos batallamos con el temor durante nuestro periodo de separación, y esos temores condujeron a que nos vaciáramos de nosotros mismos. Aprendimos que cuando vaciamos lo que es "nosotros", Dios nos llena de algo que es "más nosotros". Esta es una de las grandes paradojas del ser. Aún tenemos mucho espacio para el crecimiento (muchísimo espacio más para el crecimiento), pero hemos aprendido que la única manera de amar profundamente es dar el salto y sumergirnos en la intimidad.

AUTOPRESERVACIÓN

Obviamente, la intimidad se ve diferente en cada una de nuestras relaciones, pero cualquier relación que valga la pena tener requerirá que confrontemos el deseo de autopreservación. Sin duda, habrá quienes se aprovecharán de tu falta de egoísmo (tan solo miremos a Jesús: nadie ha sido nunca más explotado que Él), pero no hay nada como el gozo y la sanidad que llegan con las relaciones verdaderas.

Nuestro mundo nos dice que podemos tener intimidad sin compromiso, pero eso simplemente no es cierto. La intimidad artificial es relación sin consecuencias. No puedes conocer el gozo sin abrirte a ti mismo al dolor; pero incluso en el dolor de la decepción podemos encontrar el poder y la perspectiva para conocer el amor verdadero.

¿A quién te da miedo amar? Puedo prometerte que lo que te está reteniendo para amar a esa persona es una perspectiva inferior de Dios. Cuando entendemos las profundidades de Dios y su amor por nosotros, las profundidades de su compromiso y su gracia, podemos deshacernos de la pequeñez de la autopreservación y encontrarnos llenos de un amor, valentía y gozo que asombrarán a las personas que hay en nuestro mundo.

Jesús dijo: "*Un mandamiento nuevo os doy: Que os améis unos a otros; como yo os he amado, que también os améis unos a otros. En esto conocerán todos que sois mis discípulos, si tuviereis amor los unos con los otros*" (Juan 13:34-35). Él pronunció esas palabras solamente horas antes de su traición y muerte. Estaba a punto de tomar su cruz, y necesitaba que sus discípulos supieran que solamente podían encontrar la vida siguiendo sus pasos. En los años que condujeron hasta este punto, Jesús los guió amorosamente (y a veces no tan amorosamente) hacia las aguas de la nueva vida. Pero había llegado el momento de que Él se sumergiera en corrientes más fuertes y profundas, revelando una manera nueva de ser y dando nacimiento a un nuevo tipo de humanidad. Una humanidad que late con el Espíritu de Dios, su amor y su gracia. Un pueblo que comparte su diferencia, sus santos, apartados para la santidad verdadera.

Debido a la vida y muerte de Jesús, también nosotros podemos llegar a ser el pueblo de Dios, quienes viven en las aguas profundas del ser. Pero debemos zambullirnos y perder nuestras vidas por amor.

EL SACRIFICIO DEL AMOR

Hay un amor desinteresado que solamente puede conocerse en el abrazo del Amor. Este amor desinteresado nos libera del egoísmo. Muchos utilizamos la benevolencia para sentirnos mejor con nosotros mismos o para ayudarnos a dormir en la noche. Cuando hacemos eso, seguimos agarrados al falso yo. Puede que parezcamos altruistas, pero en realidad estamos ensimismados. Es aleccionador saber que podemos entregarlo todo (incluso sacrificar nuestros cuerpos) y aun así estar carentes de amor (ver 1 Corintios 13:3).

El amor verdadero descrito en 1 Corintios 13 surge de "las profundidades interiores del corazón como una energía eterna". Es un poder activo que une "corazones y vidas en relaciones seguras".[2] Pablo usa la palabra griega *ágape*, que describe la forma más elevada de amor, un amor que es eterno y emana de Aquel que es eterno.

Hay personas que han muerto entregando sus vidas para su propia fama y renombre, y, sin embargo, carecían de cualquier amor por las personas por las que aparentemente morían. Un amor así es egocéntrico y está centrado en la fama y la gloria. Aunque puede parecer hermoso, admirable y digno de celebrar, al final "*de nada sirve*".

Perder nuestras vidas por amor no siempre significa perder nuestro aliento. Cuando Jesús dice: "*Nadie tiene mayor amor que este, que uno ponga su vida por sus amigos*" (Juan 15:13), no está hablando meramente de perder nuestra vida mortal. Nosotros los occidentales difícilmente podemos entender la idea de morir literalmente por otra persona.

En Juan 15 Jesús está hablando del Calvario proféticamente, *pero* también nos está invitando a participar de esta misma muerte (y el mismo amor). Este "gran amor" no puede conocerse sin una forma de muerte. Nuestro Dios no nos ofrecería un gran amor sin darnos los medios para experimentar tal amor. En Cristo tenemos el camino hacia cada cosa verdaderamente grande. Pero debemos aprender a seguirlo a Él y practicar los ritmos de la gracia.

Quiero que observemos que Jesús dice: "*que uno ponga su vida por sus* ***amigos***" (énfasis añadido), no *amigo*. Es importante notar que no hace alusión estrictamente a un intercambio glorioso y sacrificial, como lo que vemos en *Guardianes de la galaxia* cuando Star-Lord entrega su mecanismo de respiración a Gamora, quedándose él mismo sin respiración y suspendido en el espacio. No quiero menospreciar la gloria de tal sacrificio, pero Jesús tiene en mente algo mucho mayor.

En última instancia, Jesús está describiendo un modo de vida, una manera de morir al falso yo que libera la vida verdadera en el interior. Esta nueva vida quizá requiera un sacrificio mortal, pero debemos tener cuidado de no limitarla a formas tan extremas. Cuando hacemos eso, arrebatamos su significado y aplicación a la muerte en este mundo occidental cómodo. Después de todo, la mayoría de nosotros nunca tendremos la oportunidad de entregar nuestro aliento voluntariamente.

Tal invitación a aferrarnos al gran amor está a disposición de todos los países, culturas y generaciones. Se encuentra en la invitación de Cristo a tomar nuestra cruz y seguirlo a Él. Se encuentra en el proceso de dar nuestra vida por las personas impactadas por quiénes somos y lo que hacemos: familia, amigos, compañeros de trabajo, vecinos, y otros.

Así es como experimentaremos el gran amor.

El amor y la santidad de Dios lo impulsaron a dar su vida. Ahora nosotros somos invitados a conocer el amor que emana de la santidad de Dios: su cualidad superlativa, la cualidad que nos hace semejantes a Él. El Espíritu de Dios ha invadido nuestras vidas para hacernos partícipes de su diferencia. Como santos, sus santos, conectamos con el amor eterno, y cuando hemos gustado este regalo celestial, ninguna otra cosa bastará.

No podemos escondernos de quiénes somos como nuevas criaturas en Cristo. Si lo hacemos, seremos abrumados por la disonancia interior. Después de todo, ¿qué comunión tiene la luz con las tinieblas? Lo viejo ha pasado, ha llegado ya lo nuevo (ver 2 Corintios 5:17). Decidamos poner a un lado el viejo yo y revestirnos del nuevo yo, limpiándonos de la pestilencia del egoísmo (ver Efesios 4:21-24).

EUSTACE

Como probablemente habrás imaginado ya, yo me crié con C. S. Lewis. Casi todas las noches soñaba con Narnia (excepto cuando tenía pesadillas con ser el anticristo o ir a la escuela desnudo).

En *La travesía del viajero del alba* encontramos a Eustace Scrubb, un muchacho malditamente egoísta. Lo único que ama Eustace, aparte de a sí mismo, es su colección de objetos inanimados.

En una de mis escenas favoritas, Eustace deja al resto de la tripulación del barco con la laboriosa tarea de reparar su barco roto y se encuentra con una cueva llena de tesoros de oro. Lo que él no entiende es que está en una isla extraña y esa es una cueva mágica, una cueva que convierte al alma codiciosa en el cuerpo de un dragón, revelando así la forma interior del amor a uno mismo. Al descubrir su transformación en dragón, Eustace se queda aterrado y cree que sus "amigos" probablemente utilizarán su deformidad como motivo para abandonarlo en la isla solitaria. Pero durante los días siguientes, Eustace queda muy sorprendido por la respuesta de sus compañeros de barco a su horrible situación desesperada. Ellos se muestran amables y compasivos, y Eustace comienza a ver que él ha sido el dragón todo el tiempo.

Cuando cambia su perspectiva, Eustace comienza a usar la fuerza y utilidad de su forma de dragón para ayudar a sus compañeros a lograr que el barco pueda volver a navegar. Eso, en un sentido muy real, podría considerarse como una aceleración de su solitario destino. No hay nadie más en la isla, y debido a su tamaño, Eustace no puede ir en el barco. Y sus alas no pueden hacerle viajar largas distancias, de modo que ir saltando en islas no es una opción.

Pero entonces Eustace se encuentra con Aslan: la personificación alegórica que hace Lewis de Jesús, el León de Judá. En la noche, Aslan invita a Eustace a hacer el viaje a un lago mágico. Aunque Eustace es un dragón, está aterrado del león; pero hay algo en Aslan que lo atrae, de modo que lo sigue. Cuando llegan al lago, Aslan le dice a Eustace que se arranque sus escamas de dragón. Al principio, Eustace está confuso, pero enseguida recuerda que los reptiles mudan capas de piel.

Decidido, Eustace intenta arrancarse sus escamas. Tres veces se quita su manto de dragón solamente para descubrir que parece que no puede arrancar lo bastante profundo. Sigue siendo un dragón, un dragón más dolorido y más pequeño, pero un dragón de todos modos. Cuando Eustace se da cuenta de la desesperanza de sus esfuerzos, Aslan interviene y hace lo que Eustace no puede hacer. Aslan no se limita a arrancar las escamas; rasga profundamente hasta llegar a la carne. El proceso es doloroso, pero al mismo tiempo es también vigorizante. Tras una noche arrancando sus escamas, Eustace es lanzado al agua y vuelve a ser un muchacho otra vez, un muchacho que luce igual que antes, pero que sin duda es muy diferente.

Las escamas de Eustace de temor y egoísmo fueron expuestas y eliminadas. En toda esa experiencia, Eustace se adentró en el temor. A pesar de la aterradora diferencia de Aslan, Eustace decidió seguirlo hasta el lago y finalmente permitió que las garras del león entraran profundamente en él. Aceptó el abrazo de Aslan: el abrazo de Aquel que "no es un león domesticado". Tras sumergirse profundamente, Eustace se encontró abrumado por un amor y una seguridad que eran ferozmente desconocidos. Y con su salvación llegó la capacidad de amar.

LA INTIMIDAD MÁS PROFUNDA

Cuando nos sumergimos en el agua viva, su poder y su belleza nos sobrepasan.

Yo veo la invitación a temer a Dios como un llamado a participar en la intimidad más profunda. Dios es el Infinito. Él no tiene límites. La intimidad con Él es sumergirnos en una diferencia sin medida; sin embargo, esa cualidad de diferencia es, en cierto modo, ligeramente familiar. Después de todo, somos creados a su semejanza. Y "*en él vivimos, y nos movemos, y somos*" (Hechos 17:28). Pero podemos explorar las profundidades de su persona solamente al perdernos nosotros mismos en su Espíritu. Cuando lo hacemos, descubrimos lo que hemos estado buscando. En la primera carta de Pablo a la iglesia en Corinto, escribe: "*porque el Espíritu* [de Dios] *todo lo escudriña, aun lo profundo de Dios... nadie conoció las cosas de Dios, sino el Espíritu de Dios*" (1 Corintios 2:10-11).

Observemos que el Espíritu de Dios lo escudriña todo. Más adelante en el capítulo, el punto de Pablo llega a su cumbre con esta declaración: "*Mas nosotros tenemos la mente de Cristo*" (v. 16). En otras palabras, Dios, mediante su Espíritu, nos da acceso a las profundidades del entendimiento. Él no está intentando mantenernos en la oscuridad; por medio de Cristo podemos experimentar tanto de Dios como queramos. Podemos pedir un mayor anhelo que nos impulse a las profundidades de

Dios. A medida que se lo permitimos, el Espíritu de Dios obrará en nosotros para crear el deseo y la capacidad de experimentar más de la vida verdadera. *"Y nosotros no hemos recibido el espíritu del mundo, sino el Espíritu que proviene de Dios, para que sepamos lo que Dios nos ha concedido"* (v. 12).

Nos resulta casi imposible ser íntimos de una majestad que está por encima de nosotros. Por eso normalmente estamos más cómodos siendo íntimos de personas como nosotros o que sean dependientes de nosotros. En cierto nivel, la intimidad puede suceder solamente entre quienes poseen alguna forma de fraternidad. Por eso Jesús, el Santo, se hizo hombre. Él se unió a la fraternidad de la humanidad; se hizo como nosotros para que nosotros pudiéramos beber profundamente de lo divino.

Toma un momento para leer pasajes como Juan 17, Colosenses 1-3 y Romanos 1-8. Verás una familiar intimidad que trasciende el tiempo y el espacio, Creador y creación, vida y muerte. Esta es la gran historia de nuestra redención: la historia de cómo llegamos a ser hijos e hijas, compartiendo la naturaleza divina de Dios.

Dios nos diseñó para la intimidad. Incluso YHWH, Aquel que es autosuficiente, es un Dios trino que modela una intimidad, unidad e interdependencia que sobrepasan nuestra comprensión. En *Mero cristianismo,* C. S. Lewis lo describe de este modo:

> "Dios no es estático... sino una actividad dinámica, palpitante, una vida, casi un tipo de drama. Casi, y no quiero que pienses que soy irreverente, como un tipo de baile".[3]

Los primeros santos usaban la palabra griega *perichoresis* para describir la armonía parecida a un baile entre el Padre, el Hijo y el Espíritu. Esta palabra griega originalmente comunicaba la idea de movimiento en armonía perfecta, distintos participantes en un paso perfecto. Me encanta la idea de un baile divino. Como miembros de la familia de Dios, se nos invita a participar en el baile. De hecho, la no participación no es una opción. El baile requiere que nos perdamos en su ritmo, que nos movamos con su cadencia. Nuestros pasos puede que sean torpes al principio y tal vez nos ocultamos en los márgenes, pero el Espíritu nos encontrará donde estemos y nos moverá hacia el corazón del movimiento: *"En cambio, quien se une al Señor Jesús se hace un solo cuerpo espiritual con él"* (1 Corintios 6:17, TLA).

Sin duda, cualquier intento de asignar palabras al misterio del ser trino de Dios y nuestra unidad con Dios se quedará corto. Incluso la metáfora del baile tiene sus limitaciones obvias. Por eso algunas cosas solo pueden entenderse en el corazón y no se pueden expresar con la boca. Las palabras pueden ser retorcidas y malentendidas, y estas verdades son demasiado preciosas para tal abuso.

Es fácil adoptar un enfoque dualista hacia Dios. Él es, o bien un Dios de juicio o un Dios de misericordia. Un Dios de amor o un Dios de fuego consumidor. Estas aparentes contradicciones son nuestros intentos inútiles de esquematizar la singularidad de Dios. La verdad es que Él es todo lo anterior. Su misericordia y su juicio son dos caras de la misma moneda. No podemos tener la una sin la otra. Su amor es el fuego que erradica cualquier cosa que no se rinda a los ritmos de la vida.

Ante esta diferencia y singularidad, podemos reforzar nuestro orgullo y pararnos firmes sobre el suelo; o podemos recibir la gracia de la humildad y explorar las profundidades de la verdad.

MEDIAS VERDADES

La humildad nos invita a estar en paz con que Dios sea mayor que nuestra destreza intelectual y conceptual. Debemos aprender a vivir en la tensión de ser plenamente conocidos a la vez que no conocemos totalmente. La humildad nos conduce a la vida expansiva porque evita que nos detengamos en verdades parciales y nos dirige hacia verdades completas.

Voy a ser claro: no hay nada de malo en las verdades parciales. Si lo hubiera, todos tendríamos problemas porque nuestras vidas están construidas sobre verdades parciales: *"Porque en parte conocemos, y en parte profetizamos; mas cuando venga lo perfecto, entonces lo que es en parte se acabará"* (1 Corintios 13:9-10).

Pero podemos convertir en falsedades las verdades parciales cuando las llamamos verdades completas. Voy a dar un ejemplo. Podrías decir: "Addison tiene un hijo", y esa sería una afirmación verdadera. Quizá te encuentras con Asher y conmigo en algún lugar y ahora puedes decir, con confianza, que yo tengo un hijo. Habría una medida apropiada de seguridad que viene con tu experiencia y entendimiento. Después de todo, lo conociste; yo te presenté a Asher como mi hijo.

Llevemos esto un paso más lejos. Sería una necedad si cuando alguien te preguntara si yo tengo un hijo, tú respondieras: "Ah, no lo sé", simplemente porque no tenías la seguridad acerca de cuántos hijos tengo. Conociste a Asher. Yo, su papá, te lo presenté. Deberías haber dicho: "Sí, Addison tiene un hijo".

De modo similar, necesitamos tener seguridad en las cosas que Dios nos ha revelado. Cuando el rhema de Dios, su palabra declarada o revelada, cobra vida en nosotros, sería una necedad negar su sustancia. Podemos tener, y deberíamos tener convicción, una creencia firme, en las cosas que el Espíritu de Dios nos revela mediante su Palabra.[d] Podemos encontrar convicción en nuestro entendimiento parcial. De hecho, no podemos desarrollarnos sin tal convicción.

Pero perdemos credibilidad cuando afirmamos conocer cosas acerca de Dios (o verdad) que Él todavía no nos ha revelado.

Regresando a la analogía del hijo, tú perderías credibilidad si aseveraras que yo tengo *solamente* un hijo después de conocer a Asher. Tal afirmación sería falsa porque tengo dos hijos. Has convertido una verdad parcial (que yo tengo un hijo) en una falsedad diciendo que tengo solamente un hijo. En este ejemplo, tu conocimiento, aunque es cierto, se convirtió en un perjuicio porque fue aplicado de manera inadecuada.

¿Cuántas veces hemos visto el "conocimiento" de Dios de la iglesia empuñado para producir dolor y confusión? ¿Cuántas personas han huido del abrazo de su Padre porque sus hermanos han apedreado su sendero? El mundo rechaza a Dios cuando nuestra arrogancia se lleva lo mejor de nosotros. Nuestra inseguridad y temor a lo desconocido se convierten en nuestra perdición. No olvidemos que es la bondad de Dios la que conduce a

---

d. El Espíritu Santo (Aquel que da la palabra *rhema*) no revelará algo que sea contrario a la Escritura. Sin embargo, hay veces en las que nuestro entendimiento de la Escritura necesita ser desafiado y afilado. Un entendimiento de la Escritura poco desarrollado puede causar que pensemos que la palabra *rhema* de Dios está contradiciendo sus *logos* (Palabra escrita). Esta es una de las muchas razones por las que es tan importante pasar tiempo en la Palabra de Dios. La guía del Espíritu nos hará profundizar más en verdades bíblicas para así poder encontrar un entendimiento más completo de la verdad. Necesitamos tanto *rhema* como *logos* si queremos descubrir las cosas profundas de Dios.

las personas al arrepentimiento (el regreso a su Verdadero Yo). Cuando abrazamos la humildad y la confianza, modelamos y a la vez invitamos a otros a avanzar, a encontrar su lugar en la comunidad cristiana.

DOS EXTREMOS

Con frecuencia descubro estos dos extremos entre las personas hoy día:

1. Personas que se niegan a reconocer o aceptar la verdad porque les da terror lo que no conocen.
2. Personas que utilizan lo que saben para simplificar y sistematizar todo lo que no saben.

En la mayoría de los casos, la verdad no se encuentra en ninguno de esos extremos. La revelación profunda requiere un asombro como el de un niño y una fe como la de un niño. Nuestro asombro reconoce que hay cosas que están por encima de nuestra comprensión finita. Nuestra fe reconoce que lo que sí sabemos, o debería decir a quién conocemos, nos guiará en nuestra exploración de lo infinitamente maravilloso.

La verdad no es subjetiva, pero su descubrimiento está sujeto a un viaje.

Podemos tener confianza en la inmutabilidad de Dios: su naturaleza invariable. Pero debemos entender que su Espíritu está transformando nuestras vidas, y con esa transformación llegan ojos nuevos: una nueva perspectiva del mundo. A veces puede parecer como si la verdad, que emana de Dios, cambiara, pero no es así. Más bien, lo que está madurando, ampliándose o reenfocándose es nuestra perspectiva de la verdad.

Nunca en mi vida he tenido más seguridad acerca de quién es Dios y quién soy yo en Él. Pero al mismo tiempo, nunca he poseído tanta humildad y deseo de aprender más sobre Él. Descubrirás que las personas más sabias son quienes se dan cuenta de lo poco que conocen. Solamente me queda orar y esperar que en las décadas que tenemos por delante pueda encontrar mayor humildad, confianza y sabiduría.

Si entiendes esta paradoja, tu vida nunca será igual. Voy a presentar otra ilustración para hacer entender este punto.

Si te dieran la siguiente imagen de un terreno, ¿serías capaz de imaginar de modo preciso la naturaleza de la zona circundante? Podrías hacer algunas suposiciones informadas, pero ¿se te garantiza la precisión? Adelante, haz tu suposición, y después consulta el apéndice antes de seguir leyendo.

La ilustración tiene muchos árboles, de modo que probablemente supusiste la presencia de agua y de follaje adicional. Pero como viste en el cuadro completo, la imagen es de un oasis en medio de un desierto que limita con una cordillera montañosa.

Esto es lo que sucede. Las personas hacen buenas suposiciones acerca de Dios y, por causa de la conveniencia, lo sitúan a Él y sus caminos en bonitos moldes. Ahora bien, no hay nada de malo en especular acerca de Dios. De hecho, Él desea que hagamos ciertos esfuerzos de especulación o suposiciones en nuestra búsqueda de Él. Pero nos metemos en problemas cuando utilizamos lo que sí sabemos para definir de modo categórico lo que no sabemos. Tenemos conocimientos parciales del juicio de Dios, su misericordia, gracia, amor, santidad, y muchos otros puntos. Pero como escribe Eugene Peterson: "El temor del Señor evita que actuemos de modo presuntuoso y, por lo tanto,

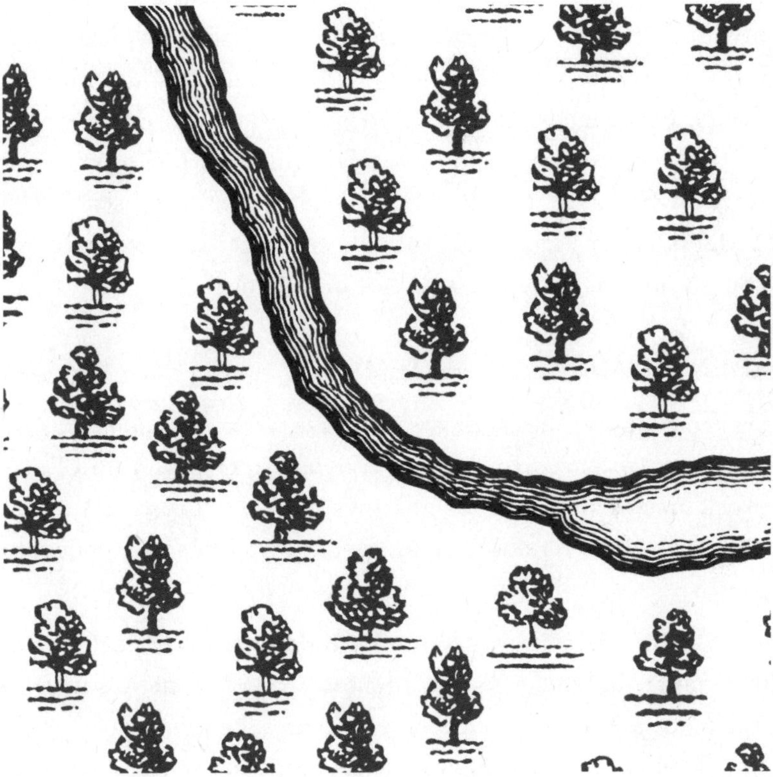

destruyamos o violemos algún aspecto de la belleza, o la verdad, o la bondad que no reconocimos o entendimos".[4]

Hay veces en las que las verdades de Dios no encajarán en nuestra lengua vernácula. Las palabras no siempre harán justicia a los caminos de Dios. Hay cosas que yo sé acerca de Dios y que no sé cómo expresar. Quizá algún día aprenderé a hacerlo, o tal vez eso no sucederá. Lo que sí sé es que la sabiduría de Dios está remodelando mi vida y cambiando mi mundo. Pero eso no puede suceder si yo no me sumerjo en su singularidad y me siento cómodo con la humildad. Debo ser como Isaías y Ezequiel, totalmente deshechos por la presencia del Todopoderoso, Aquel que conoce la oscuridad de nuestros corazones y aun así nos declara dignos de su amor.

ADENTRÉMONOS EN EL TEMOR

En Salmos 33:8 leemos: "*Que todo el mundo tema al Señor y todos estén ante él con temor reverente*" (NTV). Esta no es una proclamación de terror; es una invitación a la intimidad. Cada uno de nosotros ha sido invitado a conocer a Dios y ser conocido por Él.

Hay un elemento de temor en toda relación, y por naturaleza tememos lo que no entendemos. Cada uno de nosotros es único, un mar desconocido de emociones, experiencias y genética, de modo que cualquier relación producirá su parte de emociones y miedos.

Incluso la belleza del amor de Dios es aterradora cuando la encontramos por primera vez; su amor es distinto a cualquier cosa que hayamos conocido jamás. Pero cuando nos perdemos a nosotros mismos en su abrazo, descubrimos la paz y la seguridad que trascienden el entendimiento y llenan nuestras vidas de fe y esperanza. Esta vida del Verdadero Yo se encuentra solamente en el temor del Señor: la más hermosa intimidad.

La falsa seguridad de una vida estrecha no te ha proporcionado lo que deseas. Fuiste hecho para algo más. No permitas que las mentiras de este mundo creen duda en tu corazón. Con el Espíritu de Dios puedes ver tu Verdadero Yo y encontrar la valentía para abandonar a Él todo tu ser. Adéntrate en el temor, porque es en la intimidad de su santidad donde nos convertimos en sus santos.

Pero el Señor vela por los que le temen,
por aquellos que confían en su amor inagotable.
Los rescata de la muerte
y los mantiene con vida en tiempos de hambre.

Nosotros ponemos nuestra esperanza en el Señor;
él es nuestra ayuda y nuestro escudo.
En él se alegra nuestro corazón,
porque confiamos en su santo nombre.
Que tu amor inagotable nos rodee, Señor,
porque solo en ti está nuestra esperanza.
(vv. 18-22, NTV)

LA PALABRA CON P*****

El pecado es el rechazo al amor, a la vida y a la verdad.
—A. Stephan Hopkinson

El pecado es un tema desagradable. Incluso la forma en que la palabra resuena al salir de la boca es incómoda. Lo conocemos como el causante de la vergüenza. Una razón para el rechazo. Un destructor de intimidad. Una perversión del placer. La libertad con consecuencias terribles. En muchos aspectos estrangula la vida, privándola de respiración. Por eso la mayoría de nosotros preferiríamos simplemente dejar a un lado esa pequeña palabra desagradable.

Pero hay muchas cosas en la Escritura acerca del pecado y su efecto sobre nuestras vidas, específicamente sobre cómo distorsiona nuestra humanidad, atacándonos en cada frente significativo. En nuestra búsqueda de la vida tendremos que abordar este tema tan complejo.

Yo me crié en la iglesia, y siempre me resultaba curioso por qué se hablaba tan duramente sobre algunos pecados mientras que otros se barrían bajo la alfombra. Si tenías una buena estrategia, la avaricia podía llevarte hasta el consejo de la iglesia y a la primera fila de bancos del auditorio; después de todo, la misión de Dios necesita dinero.[e] Pero si abordabas el tema de la atracción por el mismo sexo, se te disuadía de tan siquiera entrar en el edificio.

Había algo que me decía que eso no estaba bien.

Es dolorosamente obvio que el pecado se ha reducido a lo que ocurre cuando "rompes las reglas": reglas que parecen tanto arbitrarias (cambian de un contexto a otro) como transitorias (existen un día, y al siguiente ya no). Esto nos ha hecho creer –y utilizo el plural para referirme tanto a los cristianos como a los no cristianos– que tenemos el derecho de definir lo que es pecado y lo que no lo es. Y no solo eso, sino que también nos hemos tomado la libertad de crear una manera de medir la gravedad que nos permite, o bien tolerar o excluir a las personas, dependiendo de los pecados con los que batallen.

Hay muchas palabras hebreas y griegas que se traducen como "pecado" en la Biblia en español. Debido a que tendemos a usar una única palabra en español (*pecado*) para expresar el hebreo y el griego, inevitablemente nos saltamos el significado de las palabras antiguas, y perdemos matices importantes. Por ejemplo, cuando se escribió el Nuevo Testamento, la palabra griega *hamartia* (que en la Escritura se traduce como "pecado") se podría haber usado para referirse a cualquier cosa desde un error involuntario a una ofensa sería contra un dios.[1]

---

e. Ganar dinero no tiene nada de malo. De hecho, Dios da dones a las personas para crear riqueza. No todos los que tienen riquezas son avariciosos, ya que la avaricia no tiene nada que ver con cuánto poseemos. Tiene que ver con el grado en el que nuestras posesiones nos poseen. La avaricia puede encontrarse tanto en una casa pobre como en una mansión.

El concepto de pecado no es tan directo y claro como nos gustaría pensar, y esa es probablemente otra razón por la que hay tanta preocupación con respecto al tema. Veamos las cosas que tienen en común las palabras griegas y hebreas. Entre estas cosas que tienen en común encontramos la esencia o la naturaleza principal del pecado.

En su lenguaje original, todas las palabras que se traducen como "pecado" en la Escritura comunican la idea de no dar en el blanco. A veces el blanco está claramente definido y se entiende bien; otras veces no es así. Pero, en cualquier caso, cuando no se da en el blanco existe algún tipo de pérdida. A veces, la pérdida no se siente porque es un potencial desconocido o que ha pasado desapercibido. Otras veces la pérdida se conoce íntimamente y las consecuencias se sienten inmediatamente.

Muchas veces he escuchado a personas definir el pecado como simplemente "no dar en el blanco (o marca)". Esta definición no es errónea, pero está incompleta. Cuando consideramos que el pecado es simplemente no dar en el blanco o romper una regla que a menudo parece arbitraria, podemos conscientemente o inconscientemente desacreditar el valor de dar en el blanco. Pero cuando entendemos que el pecado nos hace no dar en el blanco y además sufrir una pérdida real, lo vemos con otros ojos y encontramos la valentía para comenzar una conversación nueva sobre el tema.

Debemos responder a dos preguntas: ¿Cuál es este blanco? Y ¿qué perdemos o qué nos perdemos cuando no damos en el blanco?

UNA PROMESA

Ella dará a luz un hijo, y llamarás su nombre Jesús [...que significa Salvador], porque Él salvará a su pueblo de sus pecados [es decir, prevenir que fracasen y alcancen el verdadero final y significado de la vida, que es Dios].

(Mateo 1:21, AMPC, traducción libre)

El Evangelio de Mateo comienza con diecisiete versículos de genealogía, seguidos de tres versículos que explican el contexto necesario, y finalmente llega a su clímax con el gran anuncio de que Jesús nos salva de nuestros pecados, posicionándonos para encontrar la vida para la que fuimos creados (no te olvides de que este es el primer versículo del Nuevo Testamento que menciona la identidad y la misión de Jesús).

Yo solía saltarme la genealogía (bostezo...). ¿A quién le gusta leer un montón de nombres que son difíciles de pronunciar? Pero entonces me di cuenta de que la genealogía es importante porque cuenta una historia. Cada uno de los nombres representa una vida, una promesa, una simiente. Cada persona es un capítulo en una narrativa mayor.

Es fácil para nosotros olvidarnos de que el Antiguo Testamento es una historia de amor, dedicación y salvación. Es la historia del pacto eterno que crea expectativa para el momento climático de la cruz: el cumplimiento del pacto de Dios con nosotros. Es la historia del esfuerzo generacional que nos ha llevado hasta este momento en el tiempo.

¿Alguna vez has entrado a la proyección de una película durante el gran momento de revelación, ese momento al cual toda la película ha conducido a la audiencia? Si te perdiste todo el argumento, lo más probable es que ese gran momento significativo no tuvo mucho significado. Sin el contexto, o la historia de la película es fácil perderse ese momento y optar por la indiferencia o la confusión. Por eso la historia es tan importante. Karl Marx una vez escribió: "Si puedes aislar a las personas de su historia, entonces podrás persuadirlas con facilidad".[2]

Si hemos perdido de vista de dónde venimos, es decir nuestra historia como el pueblo de Dios, ¿es posible que hayamos olvidado dónde vamos, la gran promesa del pacto a la que nos lleva a Dios? El pecado siempre ha hecho su mejor esfuerzo por obstruir esta promesa.

Entre Génesis 1 y Génesis 11 suceden muchas cosas, pero retomemos la historia en Génesis 12 con Abraham, con el cual Mateo (muy interesante) comienza la genealogía de Jesús.

Dios invita a Abraham a apartarse para un propósito especial. Con este propósito llega también una promesa de un pacto por medio del cual Dios bendecirá a Abraham, a su familia, y finalmente a todo el mundo a través de él. Dios promete que a través de la simiente de Abraham nacerá una nueva familia, una familia que sobrepasará las barreras geográficas, étnicas y generacionales (ver Génesis12; Romanos 4; Gálatas 3).

Al leer acerca de la vida de Abraham, es evidente que él a veces pierde de vista las promesas y el diseño de Dios para su vida. Pero Dios, a pesar de los contratiempos de Abraham, continúa trabajando con él, sentando las bases para la historia suprema de la redención. Esta misma narrativa, en diferentes maneras y grados, continúa en Abraham y a través de sus descendientes, llegando finalmente hasta un pequeño pueblo con un pesebre. A pesar de la infidelidad y la falta de fe de Israel, Dios se mantiene fiel a sus promesas del pacto, ofreciendo finalmente el giro más inesperado de todos los tiempos al convertirse en miembro de la familia de Abraham para cumplir su pacto con Abraham y salvarnos del poder del pecado.

Pablo escribe: "*Al que no conoció pecado, por nosotros lo hizo pecado, para que nosotros fuésemos hechos justicia de Dios en él*" (2 Corintios 5:21). Harían falta volúmenes enteros para desentrañar las implicaciones de estas palabras inspiradas. Debido a su robustez, este versículo a menudo también es desaprovechado, y la narrativa de la cruz se limita al cumplimiento por parte de Jesús de una especie de requerimiento legal, al no pecar nunca y por lo tanto convirtiéndose así en un sacrificio por nuestros pecados, para que un día podamos ir al cielo. Aunque esto es cierto, la cruz también nos señala la grandeza del pacto y la promesa de Dios a Abraham. La cruz, que representa la gracia, es *también* un agente prometido de empoderamiento: "*Porque el pecado no se enseñoreará de vosotros; pues no estáis bajo la ley, sino bajo la gracia*" (Romanos 6:14).

Fíjate en la yuxtaposición de los conceptos de ley y gracia. En un sentido, la ley señala a nuestros esfuerzos para obtener libertad del pecado (las cosas que nos roban la vida) en nuestras propias fuerzas (ver Éxodo 20). Pero la gracia señala al pacto de Dios con Abraham. La gracia es la evidencia de la promesa de Dios de llenarnos de su naturaleza, dándonos su poder para sobreponernos al pecado.

Juan nos dice que "*la ley por medio de Moisés fue dada, pero la gracia y la verdad vinieron por medio de Jesucristo*" (Juan 1:17). Este es un concepto radical. Incluso en el primer siglo había confusión acerca de la naturaleza legal de la ley (o Torá) y cómo afectaba, o trabajaba en conjunto, con el pacto que Dios había hecho con Abraham. En su carta a los Gálatas, Pablo incluso tuvo que señalar que el pacto fue dado 430 años antes que la ley. Abraham, el padre de la fe, no tenía una lista de reglas que le impedían pecar. Fue su fe, y no su cumplimiento de la ley, lo que le hizo justo, situándolo en posición de recibir el propósito y la promesa del pacto de Dios.

Entre Abraham y Jesús, la Torá (la ley) entró en escena. Pero esa ley no es el pacto, y el pacto tampoco es la ley. Esta distinción es muy importante, porque el pacto es mayor que la ley. Jesús cumplió tanto el pacto como la ley a través de su vida y su muerte, pero nuestro entendimiento de la salvación del pecado se confunde si juntamos ambos términos.

Cuando entendemos el pacto y su propósito supremo tal como se describe en la Escritura (crear una familia que sobrepasa cualquier barrera o límite), encontramos un *porqué* o propósito eterno que nos permite vivir como Pablo, convirtiéndonos en cualquier cosa para cualquiera sin violar la ley de Cristo (ver 1 Corintios 9:19-22). La ley de Cristo no fue concebida para restringir la libertad. Cristo nos ha hecho libres para poder tener libertad. Pero su ley sí crea las condiciones en las que podemos tener libertad.

La Torá ofrecía un cómo para la vida, un cómo que evolucionó y maduró con la vida y muerte de Jesús.

El pacto nos da un porqué para la vida, un porqué personificado y hecho posible por la vida y la muerte de Cristo.

LOCOS DEL CONTROL

Los líderes religiosos de los tiempos de Jesús habían perdido de vista el propósito de la ley. En un sentido muy real, se habían olvidado de que señalaba a un pacto mayor. Su olvido les era conveniente porque les ayudaba a justificar su manipulación de la ley para llenarse los bolsillos y presentarse ante los demás como la élite de Dios. Jesús fue rápido al señalar su abuso: "*¡qué* *aflicción les espera también a ustedes, expertos en la ley religiosa! Pues aplastan a la gente bajo el peso de exigencias religiosas insoportables y jamás mueven un dedo para aligerar la carga*" (Lucas 11:46, NTV).

Estos expertos en la ley eran unos locos del control y usaban la ley para subyugar al pueblo. Habían convertido la ley en un ídolo, sin mencionar que habían añadido sus propias tradiciones y costumbres para adornar su dios favorito. No es de extrañar que Jesús supusiera tanta amenaza para ellos. Su sabiduría y sus acciones debilitaban su elitismo y exponían su idolatría. "*¡Ay de vosotros, escribas y fariseos, hipócritas! porque diezmáis la menta y el eneldo y el comino, y dejáis lo más importante de la ley: la justicia, la misericordia y la fe. Esto era necesario hacer, sin dejar de hacer aquello*" (Mateo 23:23). En palabras más sencillas: hay cosas que a Dios le importan más.

Contrariamente a la opinión popular, Jesús no despreció la ley. De hecho, no hubo nunca un judío más fiel a la Torá. Recordemos que Jesús no vino para abolir la ley, sino para cumplirla.

Pablo también deja claro que la ley no es inherentemente mala. Él escribe: "*si la ley dada pudiera vivificar, la justicia fuera verdaderamente por la ley*" (Gálatas 3:21). La ley no es mala. Simplemente no es capaz de hacernos buenos.

La ley se queda corta cuando reduce a meras palabras una forma de vida que solamente se puede conocer por el Espíritu. Esta es la razón por la que Pablo declara enfáticamente que "*la letra mata, mas el espíritu vivifica*" (2 Corintios 3:6). De nuevo, las palabras se pueden retorcer, pero el Espíritu trasciende los contextos y los matices.

He visto a cristianos usando fragmentos de la Escritura inspirada por Dios para condenar y menospreciar. Incluso Satanás citó la Escritura cuando tentó a Jesús en el desierto. Por esto es tan importante que nos apoyemos en el poder transformador del Espíritu. Él es quien nos da la sabiduría y la perspectiva para entender la Escritura y hacernos camino por entre los millones de tipos de circunstancias únicas que parecen estar fuera de "las reglas".

Una vez escuché a un profesor argumentar que los cristianos alemanes no debieron haber mentido a los nazis cuando ellos les preguntaron si estaban escondiendo judíos. Defendió el punto de vista de que hay mandamientos en la Escritura que nos dicen explícitamente que no mintamos. Y ¿sabes qué? Tiene razón; es decir, tiene razón en que hay instrucciones bíblicas acerca de no mentir. Además, la Escritura no ofrece contingencias o alternativas específicas que nos permitan mentir en determinadas situaciones. Pero ¿tenía razón el profesor en cuanto a que los cristianos debieron haber dicho la verdad a los nazis? No.

Puede que esta historia te parezca absurda, pero hay personas que realmente piensan así. Es un ejemplo extremo, pero muestra lo que ocurre cuando las personas pierden de vista los propósitos mayores de Dios. Aquellos cristianos alemanes estaban comprometidos con la justicia de Dios y estuvieron dispuestos a perder sus vidas por ella. Sus acciones fueron apropiadas, altruistas y valientes. Decir la verdad les hubiera hecho cómplices de la degradación y el asesinato de una vida humana, lo cual es, como dijo Jesús, "*más importante*".

He visto a cristianos menospreciando y denigrando a otros cristianos en nombre de la doctrina, odio hacia el pecado y "seguir las normas". Su maldad no es diferente a la de los líderes religiosos que crucificaron a Jesús. Supongo que nos hemos olvidado de que Jesús dijo que el mundo lo conocería a Él mediante nuestro amor los unos por los otros, y no mediante nuestra habilidad para encontrar los fallos los unos de los otros. Hay un espacio para los desacuerdos y la discusión, pero debería hacerse dentro del contexto relacional. Tristemente, muchos de estos desacuerdos se producen ahora a través de las redes sociales: un hervidero de opiniones sin verificar que ha despersonalizado nuestras interacciones, haciendo que infravaloremos a las personas reduciéndolas a una foto y un nombre de usuario.

DONDE FALLAN LAS REGLAS

> *De manera que la ley ha sido nuestro ayo, para llevarnos a Cristo... Pero venida la fe, ya no estamos bajo ayo, pues todos sois hijos [e hijas] de Dios por la fe en Cristo Jesús.*
>
> (Gálatas 3:24-26)

Ahora que tenemos la fe, podemos aferrarnos a una nueva naturaleza en Cristo Jesús: el corazón nuevo que es capaz de recibir la anchura de la ley de Dios (ver Ezequiel 36; Jeremías 31). La expresión de la bondad de nuestra nueva naturaleza no se puede limitar a simples palabras. De hecho, habrá momentos en los que desafiará las ideas existentes sobre la decencia.

Por eso Jesús era reticente a dar un montón de reglas que seguir. La verdad es que la gracia nos llama a un nivel más alto, un nivel que desbanca los confines de las reglas y que va más allá de lo que creemos que somos capaces. Esta es la idea principal de los capítulos 5 a 7 de Mateo. Jesús estaba comparando la vida bajo la ley y la vida bajo la gracia. La ley creó reglas para gobernar sobre el comportamiento, pero la gracia pasa por encima del comportamiento para transformar nuestros corazones y motivaciones.

Bajo la Torá, era pecado acostarse con alguien que no fuera tu cónyuge. Bajo la gracia, encontramos el poder para deshacernos por completo de la lujuria y la perversión sexual.

La gracia persigue la raíz del pecado: nuestra naturaleza quebrantada. La ley simplemente lidiaba con el fruto del pecado.

Jesús desafiaba constantemente la idea de los escribas y fariseos de lo que estaba bien y de lo que era correcto. Por esa razón estos líderes religiosos se frustraban tanto con Él y lo acusaban de indecencia, aunque Jesús nunca quebrantó la ley de Dios.

Hubo un día de reposo en el que Jesús conoció en una sinagoga a un hombre que tenía una mano seca. Los líderes religiosos tenían la esperanza de poder sorprender a este charlatán trabajando en día de reposo, ya que Jesús parecía tener tendencia a poner patas arriba su entendimiento de la ley sabática. Los fariseos se habían olvidado del propósito del día de reposo, o sábado, que es refrescar y sostener la vida recordándonos que no somos dioses de la productividad. Nosotros no creamos este mundo, y aun sin nosotros seguirá girando.

Para desafiar su mentalidad tan cerrada, Jesús llamó al hombre desfigurado (abrazándolo para hacer una clara demostración pública) y, conociendo las intenciones de sus acusadores, dijo: "*¿Es lícito en los días de reposo hacer bien, o hacer mal; salvar la vida, ¿o quitarla?*" (Marcos 3:4). Pero los expertos en la ley no ofrecieron respuesta.

Jesús estaba enojado y dolido por la dureza de su corazón. Claramente, no les importaba su hermano lastimado y estaban más preocupados por su preciado entendimiento de las reglas.

Sin levantar un dedo, Jesús sanó al hombre. Técnicamente no hizo nada aparte de hablar, y por lo tanto no violó el sábado; sin embargo, los fariseos "*tomaron consejo con los herodianos contra él para destruirle*" (v. 6).

¿Acaso no parece absurdo? Nosotros nunca actuaríamos así ¿no es cierto?

Error. Nosotros somos igual de capaces de manifestar esta hipocresía.

Como seres humanos, tenemos una relación de amor-odio con las reglas. Nos encantan las reglas porque nos encanta el control, pero también odiamos las reglas porque nos encanta el control. Básicamente, somos unos locos del control.

En teoría, las normas que rigen sobre nuestras carreteras no me molestan. Después de todo, no me gustaría colisionar de frente con otro vehículo porque alguien vaya conduciendo por el lado izquierdo de la carretera. Pero cuando me detiene la policía por circular a diez kilómetros por hora por encima del límite de velocidad, no puedo evitar pensar que los límites de velocidad son arbitrarios y que estar pendientes de eso les impide a nuestros agentes atender asuntos más importantes.

Los fariseos eran los encargados de cumplir las reglas, y, por lo tanto, principalmente les encantaban las reglas. Bueno, en realidad, les encantaban *sus* reglas: aquellas que mantenían su *statu quo*. Aborrecían las nuevas reglas de Jesús que requerían que ellos salieran de su zona de comodidad y de su falta de visión.

Piénsalo. ¿Por qué los fariseos se sentían amenazados por Jesús? Les aterraban las repercusiones políticas. Los romanos ya estaban crucificando judíos al azar e imponiendo impuestos desorbitados. Este Jesús era la mayor amenaza hasta la fecha porque hablaba de un nuevo reino con nuevas reglas: una idea que al reino de Roma no le haría mucha gracia.

Los fariseos, por lo tanto, usaron el aparente quebranto de la ley por parte de Jesús para protegerse de una mayor opresión romana. Se habían convertido en controladores egocéntricos, y Jesús ponía en peligro sus medidas, orientadas a la ley, para mantener la paz y salvar sus pellejos. Eran unos cobardes que se escondían detrás de una Torá de mentira.

Cuando la ley religiosa se convierte en un medio para la autopreservación y el confort, habrá abuso y perversión. El propósito de la ley de Dios siempre ha sido señalarnos hacia Él. Las reglas no fueron creadas para que tengamos una excusa para señalarnos los unos a los otros. No nos pareceremos más a Dios averiguando la manera en que las personas a nuestro alrededor no se parecen a Él. Nos parecemos más a Dios cuando seguimos el ejemplo de Jesús, tomando nuestras cruces para recibir la ley real.

LEY REAL

La ley real, también conocida como la ley de la libertad, la ley de Cristo, la ley del Espíritu o la ley de la fe, debe ser nuestro nuevo estándar. Es la ley del pacto, y rechazar este nuevo estándar es no dar en el blanco y negar la amplitud del poder de Dios para salvar y transformar. La ley real enfoca la santidad de Dios (o lo que le hace radicalmente diferente) y nos invita a convertirnos en personas radicalmente diferentes.

La invitación de Jesús de negarnos a nosotros mismos, tomar nuestra cruz y seguirlo es la nueva ley (ver Mateo 16:24). Esta es la nueva forma de ser, caracterizada primeramente por el amor a Dios y a otros, de lo cual *"depende toda la ley y los profetas"* (Mateo 22:40). Pero hay algo diferente en esta nueva ley. Parece contraria a la lógica: para encontrar la vida, debemos morir. A primera vista, esta nueva ley parece algo extraño. Después de todo, ¿no debería una ley proteger algo tan sagrado como la vida en lugar de fomentar la muerte?

Pero, como sabemos, la muerte de Jesús redimió la muerte. Él hizo que la muerte fuera santa; y ahora la muerte, específicamente la muerte al yo es la ley de la nueva vida.

Gracias a la vida y a la muerte de Jesús, hemos nacido de nuevo con una nueva naturaleza: su naturaleza (ver 2 Pedro 1:4). Ahora podemos perseguir una forma de vida más elevada: podemos convertirnos en santos, personas que comparten la singularidad y la diferencia de Dios. Esto que nos hace a nosotros también radicalmente diferentes no puede enseñarse *solamente*; debemos perseguirlo y captarlo. Debemos descubrirlo y familiarizarnos con ello mediante el ejemplo de Jesús, y debemos perfeccionarlo mediante la obra de su Espíritu.

Recordemos que el propósito de Dios es que sigamos los pasos de Jesús, convirtiéndonos en sacerdotes y reyes que reflejan su justicia, misericordia y fidelidad. Cuando nos posicionamos en contra del pecado creyendo que *"como Jesús murió por nosotros, no tenemos que pensar en el pecado para nada. Somos perdonados y nuestros pecados han sido cubiertos por la cruz, así que no hablaremos más sobre el pecado"*, no hemos entendido nada.

La ley real no excusa ni resta importancia al pecado. De hecho, la cruz no ha hecho disminuir las exigencias de la santidad sobre nuestra vida. En realidad, ha hecho que aumenten; pero con este aumento llega también una mayor medida del Espíritu de Dios y de su gracia. Y ahora, a través de la fe, podemos ser transformados en hijos e hijas de Dios: reflejos de su promesa de pacto con Abraham.

Por eso Pablo escribe: "*¿Luego por la fe invalidamos la ley? En ninguna manera, sino que confirmamos la ley*" (Romanos 3:31). Otra manera de expresarlo es diciendo que cumplimos el propósito original de la ley. Recordemos: Jesús dijo que Él no había venido a abolir la ley sino a cumplirla. La ley tenía tres propósitos: servir como guardián hasta que Cristo viniera, hacer diferente a Israel de las demás naciones, y crear consciencia de cuán incompleta está la humanidad cuando está lejos de Dios. La esperanza era que la ley nos guiara lejos de nosotros mismos y a los brazos de nuestro Padre.

El Espíritu de Dios, Aquel que conoce todos los matices de la ley real, nos empuja constantemente hacia el blanco más importante de la vida: la unión con Dios. El pacto, la ley, Cristo: todos ellos se enfocan en la intimidad, el propósito y la redención. Todos son usados por Dios para atraernos hacia sí y que podamos encontrar nuestro Verdadero Yo, rebosando con el propósito único y la promesa que Él ha puesto en el interior de cada uno de nosotros.

Cuando nos volvemos a Él, nos convertimos en sus sacerdotes: el pueblo creado para estar en su presencia. Hemos recibido vida, y debido a ese rebose podemos compartir esa vida con el mundo que está a nuestro alrededor. Pero darle la espalda a Dios (no dar en el blanco) significa sumirse en la desesperanza y la desesperación. Por eso Dios dice que su pueblo "*fue destruido, porque le faltó conocimiento. Por cuanto desechaste el conocimiento, yo te echaré del sacerdocio*" (Oseas 4:6). La Nueva Traducción Viviente dice: "*Mi pueblo está siendo destruido porque no me conoce*".

Dios se estaba refiriendo (y aún lo hace) explícitamente a un conocimiento íntimo de Él. Israel había tomado su propio camino, y su falta de visión, una falta de visión divina había hecho que vivieran de maneras que los destruían. Por eso, en un acto de amor, Dios rechazó a estos falsos sacerdotes. Supuestamente, los sacerdotes debían pasar sus vidas sirviendo a Dios, estudiando sus caminos y representándolo a Él ante el pueblo. ¿Cómo podía Dios permitir que continuaran su vocación sacerdotal cuando se negaban a tener intimidad con la santidad de Él?

La maravillosa noticia es que ahora, en Cristo, nosotros somos sacerdotes y hemos sido invitados a entrar en la presencia de Dios. Como el Espíritu de Dios vive en nosotros, ahora tenemos la capacidad de conocer a Dios íntimamente. La gracia de Dios, su promesa del pacto abre nuestros ojos a la belleza de su santidad.

Pero la belleza de nuestra nueva vida estará oculta para nosotros y para el mundo al que hemos sido llamados a alcanzar si nos mezclamos con el pecado y lo excusamos. Cuando desechamos las instrucciones de Dios acerca de vivir en santidad, que es vivir de acuerdo con la ley real o a la ley de Dios según fue revelada en la persona de Jesús, no estaremos desechando un blanco cualquiera. Nos estaremos perdiendo el poder transformador de la gracia de Dios y la obra de su Espíritu.

NEGOCIO FAMILIAR

Dios siempre se ha enfocado en las personas. Más específicamente, siempre se ha enfocado en la familia: el propósito original del pacto.

Jesús se convirtió en el primogénito de muchos hijos e hijas (Romanos 8:29), liberándonos del poder del pecado, dándonos un lugar en la mesa real, y ofreciéndonos un puesto en su misión celestial: la misión de arrollar a los poderes de este mundo por medio de su amor y su santidad.

El pacto no se trató nunca de cumplir las reglas. El pacto siempre ha sido una invitación a convertirnos en el pueblo de Dios, uniéndonos a Él en la misión de rescate y restauración del cosmos. Dios nos transforma para convertirnos en sus embajadores, reflejando la justicia restauradora, el amor y la rectitud de Dios a nuestro mundo.

El problema es que la humanidad, representada en Israel, no pudo llegar a entender ese concepto. Queríamos reducir la vida al alcance de nuestro ser: al alcance de nuestro yo. Nos gustaba la idea de tener reglas y normas porque nos ofrecía una forma de autocontrol, y a nosotros nos encanta ser nuestros propios dueños. Por culpa de nuestros corazones endurecidos, Dios hizo concesiones. Él sabía que la vida verdadera se encuentra solamente en la pérdida del yo, pero Él no impondría su perfecta voluntad sobre nosotros. Su meta siempre ha sido transformar a las criaturas en hijos, no en robots. Pero una transformación de ese calibre requiere cierta medida de nuestra participación.

Comparemos entre sí dos versículos que resaltan la gran diferencia que existe entre la ley y el pacto:

> *Por tanto, pondréis estas mis palabras en vuestro corazón y en vuestra alma, y las ataréis como señal en vuestra mano, y serán por frontales entre vuestros ojos.*
>
> (Deuteronomio 11:18)

> *Pero este es el pacto que haré con la casa de Israel después de aquellos días, dice Jehová: Daré mi ley en su mente, y la escribiré en su corazón; y yo seré a ellos por Dios, y ellos me serán por pueblo.* (Jeremías 31:33)

En Deuteronomio, nosotros somos los que ponemos las palabras de Dios en nuestros corazones y en nuestras almas. Es algo así como "hazlo en tus propias fuerzas". Nosotros somos los que hacemos el trabajo pesado. Es lo que pasa cuando intentamos guardar la ley en nuestras propias fuerzas.

Pero en Jeremías, Dios hace alusión al pacto abrahámico y menciona un giro inesperado en el futuro. En esencia, promete cumplir las dos partes del trato. Él será quien escriba su ley en nuestros corazones y además nos dará el poder (la gracia) para vivir fieles al pacto.

La respuesta lógica a este acto de gracia divina es convertirnos en personas de fe (siguiendo los pasos del padre Abraham). En otras palabras, el mayor acto de la fe es perder nuestras vidas para que la vida de Dios nos encuentre. Esa es la belleza de la gracia. Todo esto es posible por el Espíritu de Dios que está en nuestro interior, el Emanuel prometido, Dios con nosotros: "*Os daré corazón nuevo, y pondré espíritu nuevo dentro de vosotros*" (Ezequiel 36:26).

Ahora que Jesús ha venido y ha cumplido el pacto y la promesa de Dios a Abraham (de nuevo, por esta razón Mateo comienza la genealogía de Jesús con Abraham), podemos enfrentarnos a las fuerzas del mal. El Espíritu de Dios ha hecho de nuestros corazones su hogar, y ahora somos miembros de su familia, hijos e hijas del Altísimo, nacidos de nuevo de su naturaleza divina (ver Romanos 8; 2 Pedro 1; 1 Juan 3), llenos de su vida y ungidos para hacer avanzar los propósitos de su reino.

El rescate cósmico ha comenzado.

ADORACIÓN

Tendemos a adorar aquello que consideramos más noble, único o valiente acerca de nosotros mismos. Solamente hace falta mirar la mitología griega o los héroes de nuestro tiempo. La adoración a uno mismo, o egolatría, se encuentra en el corazón del pecado. De hecho, no somos capaces de escapar de las ataduras del pecado, ataduras causadas por nuestra egolatría, sin una medida de intervención divina.

Por esa razón Dios se hizo carne.

Pero no sería suficiente si Dios se convirtiera en un hombre ideal según nuestros criterios. Un dios así sería demasiado parecido a nosotros y no lo suficientemente diferente a nosotros. La historia presume de muchos de estos hombres extraordinarios, hombres acerca de los cuales es divertido leer y escribir. Estos hombres poderosos salvaron ciudades e incluso naciones, pero ninguno de ellos fue capaz de salvar el mundo.

Jesús era completamente diferente al típico héroe porque así debía ser.

Jesús no intimidó a Roma amenazando con hacer descender fuego si no lo seguían a Él. En lugar de eso, intimó con el sufrimiento y las dificultades de la humanidad; intimando hasta el punto de la muerte en la cruz. En desnudez y en vergüenza, dio su último aliento.

Sin embargo, la vida de Jesús representa todo lo bueno que vemos en nosotros mismos a la vez que sigue revelando un nuevo tipo de bondad: una bondad simple y a la vez compleja que confunde nuestros mejores tópicos. Como escribe A. Stephan Hopkinson: "La fascinación de la idea de Dios, tal como fue revelada y descrita por medio de Jesús, es que esta idea es algo que yo nunca podría haber deseado porque nunca podría haberla imaginado... Cualquier hombre que se interesa por la vida humana y se preocupa por las relaciones humanas solo puede decir 'Señor' cuando mira a Jesús".[1]

En pocas palabras, Jesús es demasiado bueno como para haber sido inventado.

Y lo más increíble es que nos ofrece tanto el ejemplo como los medios para que nosotros nos convirtamos en santos. En Jesús encontramos una nueva humanidad: la forma suprema de vivir a la que Dios nos hace avanzar paciente y persistentemente.

A través de la historia de la humanidad las huellas de Dios estuvieron entre ellos [la humanidad], pero ellos se negaron a reconocerlo como Dios o incluso a estar agradecidos por su bondad. En lugar de eso, dieron cabida a pensamientos corruptos y ridículos acerca de cómo era Dios. Esto les dejó sin nada más que corazones sin rumbo y sumidos en la oscuridad moral. A pesar de sostener que eran extremadamente inteligentes, en realidad eran necios superficiales, ¡porque solo un necio desecharía el esplendor eterno del Dios inmortal para adorar la imagen que se va debilitando de otros humanos, ídolos de apariencia humana, animales, pájaros e incluso reptiles que se arrastran!

(Romanos 1:21-23, TPT, traducción libre)

El libro de Romanos es el discurso más completo de Pablo sobre el evangelio: las buenas nuevas de nuestra salvación. Por eso es apropiado que Pablo comience su carta exponiendo las cosas de las que vino a salvarnos Jesús (recordemos que la misión de Jesús, como fue descrita en Mateo, era salvarnos de nuestros *pecados* y evitar que nos perdiéramos el verdadero fin y propósito de la vida, que es Dios). Siguiendo los pasos de Jesús, Pablo está comprometido a pasar por encima las expresiones del pecado, las cuales la ley intentaba "paliar", y atacar el corazón del pecado directamente.

¿Y qué es lo que encontramos en el corazón del pecado? La idolatría.

Idolatría es un término anticuado que no parece tener mucha relevancia en nuestra forma de vida occidental. Probablemente por eso no escucharás muchas enseñanzas sobre ello. Después de todo, ¿cuándo fue la última vez que viste a alguien adorar a un ciervo o inclinarse ante una estatua?

Pero la idolatría es igual de perversa hoy que cuando Pablo escribió su carta a los romanos. Solo tienes que mirar a tu alrededor... nosotros mismos queremos ser dioses y diosas autoproclamados; queremos ser como Dios, pero estar lejos de Él y ser autosuficientes (¡nos encanta ese yo!), dignos de adoración, dignos de "me gusta", menciones, y la alabanza de muchos. Además, si la idolatría se limitara a una expresión cultural o generacional, dudo que la encontráramos en el primer mandamiento: *"Yo soy Jehová tu Dios, que te saqué de la tierra de Egipto, de casa de servidumbre. No tendrás dioses ajenos delante de mí"* (Éxodo 20:2-3). De hecho, los nueve mandamientos restantes de los famosos Diez Mandamientos están relacionados con síntomas de negarnos a obedecer el primer mandamiento.

La idolatría es el alma del pecado.

Más adelante, en Éxodo 20, Dios comenta que Él es un Dios celoso: más específicamente, celoso de nuestra adoración. He conocido a personas que han tenido problemas con esta idea de que Dios es celoso. Se imaginan a un Dios como uno de aquellos dioses de la mitología griega: malvado, narcisista, y que se recrea en la adoración de sus subordinados; fortaleciéndose en medio del amor y la adoración de aquellos que son inferiores a él.

Pero YHWH no tiene nada que ver con Zeus, Poseidón o Hades. Él no necesita nuestra adoración. Lo adoremos o no, YHWH sigue siendo Dios. Si nosotros nos negamos a adorarlo, las piedras se transformarán en algo mayor y tendrán aliento para cantar su canto.

Además, la posición que ocupa Dios no se ve amenazada cuando nosotros adoramos a otra persona o cosa. Su celo se despierta por el amor que Él tiene por nosotros. Él sabe que, si adoramos a otra persona o cosa, en realidad nos estamos destruyendo a nosotros mismos. Cuando adoramos algo, hacemos que nuestra vida dependa de ello, y no existe la vida verdadera lejos de Dios.

La perdición de la humanidad siempre ha sido nuestra adoración del yo: nuestro ídolo favorito. Este mundo moderno todavía está muy enamorado de este ídolo, y de hecho nuestra cultura occidental celebra y glorifica la egolatría. Esta es la razón por la que la idolatría está indudablemente viva hoy y tan profundamente arraigada en los sistemas y las actividades de nuestro mundo.

¿Acaso nos extraña que la llamada que Jesús nos hace a vivir requiera negarnos a nosotros mismos y seguir su amor *auto* sacrificial? ¿Una nueva forma de vivir hecha posible solo por su ejemplo y su Espíritu? La adoración primitiva del sol, o la luna, o la naturaleza estaba arraigada en la percepción que tenía la humanidad de esas cosas. En otras palabras, ellos adoraban su propia percepción. En realidad, no adoraban al sol; adoraban la percepción que tenían del sol. La naturaleza es sublime, misteriosa y digna de adoración, pero su misterio y su sublimidad son señales que apuntan a su Creador (esta es la idea principal que quiere transmitir Pablo en Romanos 1:19-21). De manera similar, la humanidad es extraordinaria, la cúspide de la creación de Dios. Pero nuestro esplendor es un reflejo de la naturaleza de Dios, y nunca tenía que ser el objeto de nuestra adoración.

Cuando perdemos de vista esta verdad, adoramos a la creación en lugar de a su Creador. Esta es la esencia de la idolatría y el lugar de nacimiento del pecado, que nos separa de la vida, el amor y la promesa que encontramos en el conocimiento de la verdadera forma y propósito de Dios.

ADORACIÓN Y LOCURA

El fulgor de nuestra humanidad crece en medio de nuestra adoración a Dios, y tristemente, lo opuesto también ocurre. "*Eran, en efecto necios superficiales*" (Romanos 1:22, TPT, traducción libre) también se podría traducir como "se volvieron locos".

Esto es literalmente lo que le ocurrió al rey Nabucodonosor. En Daniel 4 encontramos la historia de un ser humano bastante particular. Incluso hicieron una estatua para exponer la imagen de este dios humano. Pero un día, mientras se deleitaba en la egolatría, este rey perdió la cabeza. Durante los siete años siguientes, Nabucodonosor se comportó como un animal, convirtiéndose en el hazmerreír del reino. Este es el efecto de locura que Pablo describe en Romanos 1. Cuando nos adoramos a nosotros mismos, estimando la extensión de nuestro ser y conocimiento como superior al de la Palabra de Dios y sus caminos, comenzamos a retroceder, volviendo a un estado primitivo. Pero cuando nos acercamos a Dios con fe, como Abraham, aceleramos el proceso de convertirnos en sus hijos maduros y la expresión de su gloria en la tierra.

Me encanta la historia de Nabucodonosor porque es, en última instancia, un ejemplo de cómo el corazón de Dios está orientado a la redención y a la restauración. Después de siete años de comportarse como un animal, esto es lo que hizo Nabucodonosor: *"alcé mis ojos al cielo, y mi razón me fue devuelta; y bendije al Altísimo, y alabé y glorifiqué al que vive para siempre, cuyo dominio es sempiterno, y su reino por todas las edades"* (Daniel 4:34).

Analicemos la secuencia de eventos, porque Daniel prestó mucha atención a los detalles. Lo primero que hizo el rey fue alzar sus ojos al cielo. Cuando Nabucodonosor perdió la cabeza, estaba inspeccionando su reino desde una azotea. Básicamente estaba mirando hacia abajo, a lo que conocía y podía ver. Estaba admirando la extensión de sus logros.

Pero su liberación llegó cuando alzó sus ojos al cielo (la dimensión de Dios, un lugar que estaba más allá del más grande de sus logros), y entonces es cuando entró en razón. Cuando recuperó la cordura, hizo una declaración enfática y profética. La Escritura nos dice que después de sus siete años de deterioro (es interesante notar que el número siete implica terminación o restauración), Nabucodonosor entró a un nuevo nivel de esplendor y majestad.

Dios no intenta quedarse con todo lo bueno. Él quiere que en la vida experimentemos lo mejor. No hay nada, incluido el yo, que Dios no devuelva mejorado y más brillante. Él pide nuestra muerte para que podamos conocer la vida. Tiene más cosas gloriosas preparadas para nosotros de las que jamás podríamos imaginar, pero no llegaremos a alcanzarlas si nos aferramos a nuestras vidas. En Cristo, las únicas cosas que podemos quedarnos son aquellas que damos libremente.[2]

Negarse a adorar al yo es el camino hacia lo que significa ser sus santos, los hijos que participan de los misterios de la vida. Nosotros somos la evidencia, aquí y ahora, del día futuro en el que la dimensión de Dios invada lo que ahora conocemos como espacio, tiempo y materia. Ese día, los gobernantes de este mundo (el sexo, las cosas materiales y el estatus) serán derrocados y devueltos a la belleza y al propósito de su diseño original. Pero no tenemos por qué esperar a ese día; podemos descubrir la belleza del diseño original de Dios aquí y ahora.

Dios se humilló y tomó forma humana. Si queremos ser transformados a su imagen, debemos revestirnos de humildad. Su humildad requiere la nuestra.

No hay mayor adoración que morir al yo. Es lo único que nos librará del pecado (idolatría) y los pecados (cualquier cosa que surge de la idolatría) que dañan nuestro mundo.

> *Así que, hermanos, os ruego por las misericordias de Dios, que presentéis vuestros cuerpos en sacrificio vivo, santo, agradable a Dios, que es vuestro culto racional. No os conforméis a este siglo, sino transformaos por medio de la*

renovación de vuestro entendimiento, para que comprobéis cuál sea la buena voluntad de Dios, agradable y perfecta.
(Romanos 12:1-2)

REDIMIDOS CON UN PROPÓSITO

Si adoptamos una postura egocéntrica ante el pecado y la salvación, nos perderemos la realidad mayor de la gracia y la justificación, y en un sentido sucumbiremos a la egolatría que está en el corazón del pecado. Para entender la gravedad del pecado, debemos ir más allá de los límites de la religiosidad y del estar bien con Dios. Debemos hacer el trabajo duro de vernos a nosotros mismos en la gran historia de redención de Dios: nuestro negocio familiar.

Nuestro propósito es un propósito santo, y este propósito requiere que recibamos el empoderamiento de la gracia, rompiendo las cadenas del pecado. Cadenas que nos han impedido reconocer nuestra verdadera identidad y experimentar la vida que Dios tiene para nosotros. Podemos estar confiados sabiendo que "*el* [viejo yo] *no tiene autoridad alguna sobre nosotros, y ya no tenemos la obligación de vivir obedeciéndolo. Porque cuando vivimos siendo controlados por la carne, estamos a punto de morir. Pero si la vida del Espíritu hace morir las obras corruptas de la carne, entonces podemos experimentar su vida abundante*" (Romanos 8:12-13, TPT, traducción libre).

El Espíritu de Dios nos ha hecho libres del poder del pecado. Ahora podemos convertirnos en los hijos maduros de Dios, guiados por los impulsos de su Espíritu (v. 14). Desde el principio, hemos sido destinados a convertirnos en sus hijos e hijas (ver Efesios 1:4), no solo en la teoría, sino también en la práctica. Y el mundo desea ver este despliegue de vida gloriosa.

Es increíble poder cantar acerca de ser hijos de Dios, pero vayamos más allá de las meras palabras y convirtámonos en su poesía viva: personas que muestran su bondad, gracia, amor y santidad, tanto en palabras como en obras. La gracia que hemos recibido nos permite revelar una nueva manera de ser humanos.

CARICATURAS DE CRISTO

En 2015 asistí a una conferencia en Internet sobre mercadotecnia. Era una reunión masiva de introvertidos especializados en monetizar las interacciones virtuales. En otras palabras, a estas personas no les gusta ser vistas por otros, pero disfrutan de ganar dinero a su costa. Incluso los oradores (ya sabes, aquellos que se ponen delante de cientos de personas) mostraban niveles sorprendentes de autodesprecio e incomodidad. De hecho, uno de los oradores no estableció contacto visual con el público ni una sola vez en toda su sesión, que duraba cuarenta y cinco minutos.

Los organizadores de la conferencia tuvieron la brillante idea de invitar a un artista que hacía caricaturas. Seguramente pensaron que el artista podría dar vida a aquella gran mezcla de personalidades.

Bueno, resulta que yo soy un fanático de las caricaturas. Es una de las pocas representaciones mías que puedo observar y saber sin duda que no me veo *tan* mal. Así que me puse a la fila, igual que otras dos personas que estaban conmigo (la tercera persona que estaba conmigo se abstuvo sabiamente de tal conducta imprudente).

Mi hermano Austin era una de las dos personas que estaban en la fila conmigo. Ahora bien, Austin es un chico muy atractivo (y esto no es amor de hermano). Cuando le tocó a Austin el turno de que su cara fuera distorsionada por la pluma, aquel maestro cínico comenzó a reírse como un niño de cuarto de primaria que acaba de leer una nota de amor que le habían pasado a espaldas de la maestra. Después de unos tres minutos de crueldad calculada, el artista, con una sonrisa irónica, le entregó a Austin su obra de arte.

Digamos que la caricatura parecía la de un hijo de un cavernícola. Todo en la cara de Austin estaba mal: sus dientes eran demasiado grandes, su cabello demasiado rizado, su nariz estaba fatal, y su estructura ósea era como la de un simio. A pesar de que Austin es atractivo, dudo seriamente que alguna mujer pudiera verse atraída por la caricatura de Austin. Así de horrible era.

Pero había algo en esa caricatura que se parecía a Austin. Yo incluso podía decir que la caricatura estaba inspirada en Austin y no en cualquier otra persona aleatoria de la conferencia. A pesar de que la caricatura era grotesca, reflejaba, de manera extraña, a aquel en quien había sido inspirada.

Cuando nos hacemos llamar "cristianos" (pequeños Cristos), nos apropiamos de una nueva identidad. Nos apropiamos de una nueva inspiración y una nueva fuente de vida. Pero cuando nos encogemos después de haber sido quien Dios nos transformó para ser, nos convertimos en caricaturas de Cristo. Puede que nos parezcamos en lo más mínimo, pero ese parecido se convierte en objeto de burla: *"el nombre de Dios es blasfemado... por causa de vosotros"* (Romanos 2:24).

Cuando nos negamos a recibir su poder transformador, insultamos la obra completada de la cruz. De hecho, Pablo escribe que nos convertimos en enemigos de la cruz cuando negamos su capacidad para renovarnos (ver Filipenses 3). Por eso, la mayor injusticia social a la que se enfrenta nuestro mundo hoy no es el tráfico de personas, o la pobreza, o los políticos corruptos, o la deuda global. La mayor injusticia social que enfrenta nuestro mundo hoy es nuestro rechazo a convertirnos en la expresión de Cristo en la tierra. Punto.

NUEVA CREACIÓN

La cruz representa nuestra nueva vida. Más específicamente, representa nuestra nueva vida en Cristo. En esta nueva vida encontramos el poder para trascender las preocupaciones y afanes de este mundo. Encontramos la gracia para convertirnos en el pueblo de Dios, llevando la verdadera marca del creyente: la santidad. Pablo escribe con valentía: *"Pero lejos esté de mí gloriarme, sino en la cruz de nuestro Señor Jesucristo, por quien el mundo me es crucificado a mí, y yo al mundo. Porque en Cristo Jesús ni la circuncisión vale nada, ni la incircuncisión, sino una nueva creación"* (Gálatas 6:14-15).

Se trata de la nueva creación. Esta idea de la nueva creación da vida a las cartas de Pablo. Es el viento que impulsa sus velas: el gran misterio hecho posible por la muerte y resurrección de Cristo. Que nunca superemos el hecho de que ahora somos hijos e hijas, participantes de la naturaleza divina de Dios.

Espero que ahora seas capaz de ver que una vida de pecado nos roba nuestra humanidad. Una vida de egolatría es una caricatura, no un reflejo verdadero; pero la gracia nos salva del poder del pecado. Gracias a que Jesús entregó su vida, nosotros podemos entregar nuestros pecados.

La voluntad de Dios es que caminemos en pureza, que es la completa libertad de todo lo que nos humilla y degrada: *"Pues no nos ha llamado Dios a inmundicia, sino a santificación. Así que, el que desecha esto, no desecha a hombre, sino a Dios, que también nos dio su Espíritu Santo"* (1 Tesalonicenses 4:7-8).

Tristemente, debido a la reducida perspectiva que tenemos del poder salvador de Dios, no hemos abrazado el llamado a la santidad. Vemos la santidad como un destino. Lo convertimos en un estatus que se obtiene solamente siguiendo las reglas, pero como ahora sabes, la santidad es mucho más que eso. El camino hacia la santidad es una inmersión completa en la plenitud de vida de la nueva creación de Dios. Es perdernos a nosotros mismos en la nueva humanidad que encontramos en Cristo.

Como dije anteriormente en este libro, creo que nos aterra descubrir que, en efecto, hemos sido creados para lo asombroso. Nuestro brillo divino está rodeado de falta de fe, teología que ha sido truncada, y falta de imaginación. Incluso en medio de nuestra "salvación", parece que no podemos ver más allá de los límites de nuestra naturaleza caída.

Es hora de reclamar lo que es nuestro. Jesús vino para darnos vida en toda su plenitud. La pregunta es: ¿recibiremos con humildad la gracia que restaura nuestra vitalidad? En otras palabras, ¿miraremos más allá de nosotros mismos y estaremos plenamente vivos: plenamente humanos? ¿O huiremos de la belleza y la diferencia de nuestra nueva naturaleza prometida: nuestro Verdadero Yo en Cristo?

El mundo creerá en lo divino cuando vea a Cristo en nosotros.

DE REGRESO A LA FAMILIA

El enfoque principal de la nueva creación es que nos convirtamos en hijos de Dios, participantes de aquello que lo hace radicalmente diferente (su santidad), reflejando su vida para sobrepasar la oscuridad en nuestro mundo. La meta no es solamente "un día llegar al cielo". Cuando hacemos de "llegar al cielo" nuestro único enfoque, nos negamos a nosotros mismos el poder, el llamado y la promesa que Dios pone a nuestra disposición en esta vida. Yo creo que esta es la razón por la que tantos cristianos batallan con el desánimo y la falta de visión para sus vidas.

Fuimos creados para un propósito eterno, un propósito que penetra en nuestras vidas temporales y las llena de significado. *"Amados, somos los hijos de Dios ahora mismo... todos los que ponen su* ***esperanza*** *en* [Jesús] *siempre estarán purificándose a sí mismos, igual que Jesús es puro"* (1 Juan 3:2-3, TPT, traducción libre, énfasis añadido). Una de las razones por las que muchos cristianos no caminan en libertad del pecado es que no tienen esperanza (o que les falta esperanza).

El pueblo perece por falta de visión o esperanza (ver Proverbios 29:18). Estoy seguro de que has escuchado esto antes, tal vez en una reunión de visión o en un entorno corporativo. Lo interesante es que este versículo se encuentra entre dos versículos que hablan acerca de la corrección. Salomón nos está retando a que nuestra visión esté enfocada hacia algo mayor que nosotros. Nunca recibirás la corrección de buena gana si no puedes ver más allá de tu estado actual.

Necesitamos la Palabra de Dios y a las personas en nuestra vida para que nos recuerden que hay algo mayor de aquello que hemos conocido, visto, o a lo que nos hemos entregado.

Nuestra esperanza, esa visión, se encuentra en Jesús. Por eso en Hebreos 12 se habla de que Dios nos disciplina porque nos ama como hijos e hijas, inmediatamente después de un comentario sobre la gloriosa muerte de Jesús. El autor incluso llega a decir que somos hijos ilegítimos si nuestras vidas no cuentan con la tensión que viene con la disciplina.

Los propósitos de salvación de Dios van más allá de la conversión y llegan hasta las situaciones reales de nuestro día a día. Dios no solo nos salva de un infierno metafísico; también nos salva del infierno que nuestros pecados crean en el presente. No intentes decirme que el pecado no tiene consecuencias ahora que estás "en Cristo". Pasa una semana entera robando, engañando, chismeando, mintiendo, abusando y demás, y verás el tipo de prisión que eso crea. La gracia de Dios nos salva de las implicaciones penales y eternas del pecado, *y también* nos empodera para vivir la vida ahora.

Dios usa una visión de la persona que nos ha creado para ser con el propósito de crear tensión en nuestras vidas, una tensión que se deriva de conocer que hay más en la vida. Como dice Hebreos, "*despojémonos de todo peso y del pecado que nos asedia... puestos los ojos en Jesús, el autor y consumador de la fe*" (Hebreos 12:1-2). En Jesús tenemos tanto el ejemplo como el empoderamiento.

Cuando no morimos al yo ni abrazamos nuestra verdadera naturaleza como hijos e hijas, experimentamos la disciplina del Señor. Esta disciplina nos acerca a Él. Esto "*nos es provechoso, para que participemos de su santidad*" (v. 10). Dios nos disciplina porque su amor no le permite ignorar los pecados que nos roban la vitalidad.

Muchos cristianos ven a Jesús *tan solo* como su Salvador, Aquel que hizo que puedan estar en paz con Dios. Esto es –sin duda– cierto, pero no acaba ahí; ese es simplemente el principio.

En Jesús, Dios reveló que somos destinados a ser "*hechos conformes a la imagen de su Hijo, para que* [Jesús] *sea el primogénito entre muchos hermanos*" (Romanos 8:29). Jesús vivió una vida completamente humana, libre de las ataduras del pecado, y esa es la intención de Dios para nosotros. Hasta que nos demos cuenta de que esa es la meta final, aprenderemos, en medio del dolor, a ser obedientes (ver Hebreos 5:8).

Quiero que entiendas que no estoy sugiriendo que seas severo o experimentes dolor voluntariamente. En cambio, intento hacerte ver que a Dios le importa más lo que sucede *dentro* de nosotros que lo que nos sucede *a* nosotros. No me malinterpretes; a Él le importan las dos cosas. Pero como cualquier buen padre, Él no compromete nuestro futuro por apaciguar nuestro presente.

A Dios le importa lo que nos sucede *ahora*. Él quiere que experimentemos la vida al máximo *ahora*. Él nos ha dado la gracia para poder sobreponernos al pecado *ahora*. Hay personas que necesitan ver la santidad de Dios revelada a través de nosotros *ahora*.

Por esa razón, la batalla contra el pecado es tan importante.

Podemos derrotar al pecado mediante la humildad: "*a medida que se rindan libremente al poder y a la vida dinámica del Espíritu Santo, abandonarán los deseos de su vida centrada en el yo*" (Gálatas 5:16, TPT, traducción libre). Antes de Cristo, el enfoque estaba en lidiar con el pecado no quebrantando la Torá. Pero ahora que hemos nacido de nuevo y tenemos al Espíritu de Dios (el Espíritu de Cristo), podemos volar por encima del poder del pecado.

HIJOS DE DIOS

Juan, el discípulo a quien Jesús amaba, nos dice que cualquiera que sigue pecando no conoce a Dios íntimamente como un hijo (ver 1 Juan 3:4-7). Estas personas que continúan pecando no se han adentrado en el temor.

Han convertido a Dios en un ídolo: un dios que apoya sus pensamientos estrechos. Están "adorando" a un dios seguro que no tiene el poder de salvarlos por completo. Transforman a Dios a su imagen y después se preguntan por qué Él no los transforma a ellos.

Estas personas todavía no han conocido la libertad verdadera. ¿Podría ser que no están caminando en libertad del pecado porque tienen una visión reducida acerca de Dios y de su plan para rescatar a la humanidad?

El discípulo amado sigue desarrollando su punto diciendo que cualquiera que se entrega al pecado es del diablo, porque Satanás fue el primero que adoró algo o a alguien que no fuera Dios (v. 8). Juan no está diciendo que cualquiera que peque es del diablo. En cambio, Juan está describiendo una condición en la que alguien es siervo del pecado, haciendo del pecado su amo.

Pero "*cualquiera que es verdaderamente hijo de Dios se negará a seguir pecando porque la simiente de Dios* [en griego sperma] *está con él, y no es capaz de seguir pecando porque ha entendido que Dios mismo es su padre*" (v. 9, TPT, traducción libre). Esa es la promesa de Dios para nosotros. Seremos sus hijos, tendremos su naturaleza, su ADN, y caminaremos en libertad del pecado. Debemos hacer que esa sea nuestra meta. Cualquier otra idea sobre la *vida* nos llevará a la frustración y a la disonancia.

Puede que estés pensando: *Addison, ese es un estándar imposible de alcanzar; un estándar que frustrará incluso a los mejores santos de Dios.* Pero si nuestra salvación a través de Jesucristo es cierta, entonces el mensaje de Juan es cierto. Si confiamos en lo primero, podemos confiar en lo segundo.

El versículo 9, que tantas veces se ha usado para condenar, en realidad fue concebido para inspirarnos. Es un recordatorio de que tenemos una nueva naturaleza, llena de la vida y la gracia de Dios. Una nueva naturaleza que no tiene por qué sucumbir a las pequeñeces del pecado. La simiente de Dios está en nosotros; somos su descendencia, llenos de vida nueva.

Una semilla de manzana no se parece en nada a una manzana. Tampoco se parece a un árbol, pero dale tiempo y unas condiciones adecuadas a la semilla, y tendrás tu manzana.

La santidad de Dios está grabada en nuestra nueva naturaleza. Si nuestro Verdadero Yo recibe las condiciones adecuadas de fe, esperanza y amor, saldrá de su cascarón de humanidad caída, revelando el poder redentor de nuestro Padre a un mundo que está esperando de puntillas para verlo.

Juan continúa: "*El precioso mensaje que han escuchado desde el principio es que deberíamos caminar los unos con los otros en amor sacrificial... Jesús sacrificó su vida por nosotros. Gracias a este gran amor, deberíamos estar dispuestos a entregar nuestras vidas los unos por los otros*" (vv. 11, 16 TPT, traducción libre).

Inspirado por el Espíritu de Dios, Juan entreteje de manera brillante los temas del pecado, la abnegación, la familia y el amor. Gracias a que tenemos la seguridad de ser hijos de Dios, podemos recibir con los brazos abiertos el proceso de convertirnos en hijos e hijas maduros, muriendo a la egolatría y sus pecados consecuentes, encontrando finalmente nuestro Verdadero Yo en los brazos de la Vida.

El centro de todo es la familia. Dios amó tanto al mundo que entregó a su único Hijo para poder tener muchos hijos e hijas. Dios entregó a su Hijo para cumplir su promesa a Abraham, que era bendecir el cosmos a través de su descendencia: Jesús, el Salvador del mundo. Y ahora que Jesús ha hecho lo que solo Él podía hacer, nosotros hemos sido redimidos y empoderados para unirnos al negocio familiar, reclamando nuestro mundo de los poderes del pecado y de la muerte.

Esta es la razón por la que el Nuevo Testamento nos llama a vivir un estilo de vida más elevado.

LA PEQUEÑEZ DEL PECADO

Pablo escribe que "*nuestro viejo hombre fue crucificado juntamente con él, para que el cuerpo del pecado sea destruido, a fin de que no sirvamos más al pecado*" (Romanos 6:6).

Muchas personas ven la vida cristiana como una mera abstinencia del pecado. Pero esa perspectiva tiene muy poco poder. La santidad trascendente que recibimos por medio de Cristo "no es (contrariamente a lo que las personas a menudo piensan) una cuestión de negarse a tener o hacer algo bueno. Se trata de crecer y alcanzar algo incluso mejor". [3]

La vida no debería tratarse de las cosas de las que huimos. Debería tratarse de las cosas hacia las que corremos. El mejor "no" es un "sí" con convicción. Ahora que somos la justicia de Dios por medio de Cristo Jesús (otra forma de decir que somos parte de su familia, y que recibimos la plenitud de su fidelidad al nuevo pacto), podemos entrar en la plenitud de la existencia, que incluye la libertad del pecado. Podemos decir "¡sí!" a nuestro Nuevo Yo en Cristo, y al hacerlo decir "¡no!" al poder del pecado.

El problema es que, ya sea por tener miedo a hablar de ello o por no poder dejar de hablar de ello, hemos hecho del pecado el enfoque. Cuando no hablamos del pecado (un tema principal en la Escritura), se convierte en el horrible monstruo que vive en el ático de nuestra abuela. Todos sabemos que ha anidado sobre nuestras cabezas, pero nadie quiere confrontarlo.

Nuestro enfoque debería ser el hecho de que Dios nos ha invitado a formar parte de su familia, y como Él nos ama, desea liberarnos del castigo y el poder del pecado: *"Porque la paga del pecado es muerte, mas la dádiva de Dios es vida eterna en Cristo Jesús Señor nuestro"* (v. 23).

Cuando vemos el pecado dentro de este contexto familiar, no tenemos miedo de hablar sobre ello o mencionar sus síntomas porque lo vemos tal cual es. El pecado distorsiona la humanidad genuina, lo cual significa que distorsiona la imagen de Dios. Debemos abordar el tema. Debemos confrontarlo. Pero debemos hacerlo desde un lugar de amor y compasión. Si hemos de revelar a Dios a nuestro mundo, entonces debemos poner de nuestra parte para vernos a nosotros mismos, y a los demás, como Dios nos ve.

Cuando entendamos el corazón de Dios, podremos –por el poder de su gracia– desechar los pecados que hacen que nuestras vidas sean pequeñas. A medida que hagamos esto, encontraremos el amor y la convicción para invitar a otros a la restauración y a la santidad, lo cual es básicamente el objetivo de la Gran Comisión.

Cuando nos negamos a adorar a nuestro viejo yo, alejándonos de la imagen natural que incansablemente pone ante nosotros, nuestros ojos se abren para ver el Verdadero Yo. Este alejamiento del viejo yo en pos del despertar del nuevo yo, es el camino hacia la santidad: el viaje de descubrir lo que hace a Dios radicalmente diferente. Reorienta nuestra adoración, posicionándonos para recibir del único que es digno. A medida que nos adentremos en la singularidad de Dios, nuestras vidas serán transformadas, el pecado perderá su poder sobre nosotros, y el mundo, el cual Dios ama, verá su justicia, amor y misericordia reflejados en nuestras vidas.

Nuestros pecados no solo crearon una deuda metafísica que debía ser pagada. El pecado es un defecto de la condición humana. Un defecto que llega de la mano de la libertad de elección. Un defecto que solamente se puede arreglar mediante la vida de nuestra nueva humanidad: la vida que encontramos en la sangre de nuestro hermano mayor; la única persona que entendió verdaderamente todo esto de la humanidad.

El hombre que murió por nuestros pecados ahora nos ofrece la muerte al pecado.

No sé tú, pero yo sí quiero la libertad que trae esa muerte.

EL LENGUAJE DEL AMOR DE DIOS

Era una preciosa tarde de verano. La luz del sol, como una cascada, teñía las nubes de tonos brillantes de naranja y rojo. Yo estaba sentado sobre un bordillo disfrutando del espectáculo de luces mientras observaba a Asher, mi primogénito, intentar montar en triciclo. No podía alcanzar los pedales con los pies, pero no dejaba de intentarlo. Un sentimiento increíble de alegría y orgullo comenzaba a crecer en mi interior mientras observaba su resiliencia. Era una buena noche.

Mientras estaba experimentando este orgullo por mi hijo, Dios repentinamente dejó caer algo en mi espíritu. Escuché las palabras *yo soy amor.* Déjame decirte que he estado en la iglesia toda mi vida, y he escuchado este concepto de que Dios es amor muchas veces. Así que cuando Dios susurró estas palabras en mi espíritu, no me agarró por sorpresa porque no era la primera vez que las oía, pero deseché mis ideas preconcebidas y le pedí a Dios que revelara algo nuevo en mi corazón. Específicamente, le pedí a Dios que me revelara una faceta de su amor que yo aún no hubiera experimentado o entendido.

Al quedarme en silencio, sentí que Dios me estaba mostrando algo acerca de su lenguaje del amor.

Yo soy amor, y la fe es mi lenguaje del amor.

Fascinante.

Pero entonces el lado izquierdo de mi cerebro, el lado lógico, entró en escena y pensé: *La fe no es uno de los cinco lenguajes del amor de Gary Chapman, así que obviamente no puede ser el lenguaje del amor de Dios.*

Si no estás familiarizado con los cinco lenguajes del amor, seguramente nada de esto tenga sentido para ti, así que déjame explicar rápidamente en qué consisten. Si ya los conoces, simplemente no leas el siguiente párrafo.

Los cinco lenguajes del amor representan las maneras en las que nos gusta dar y recibir amor. Incluyen tiempo de calidad, actos de servicio, toque físico, regalos y palabras de afirmación.[1] La idea es que cuando descubres el lenguaje del amor preferido de una persona, puedes mostrarle amor de una forma que sea significativa para esa persona. A mí me encantan los actos de servicio, pero para mi esposa los actos de servicio no son significativos. Puedo pasarme horas limpiando la casa y ella casi ni se fija en mis esfuerzos.

Está bien, volvamos a mi historia.

Durante un rato, simplemente estuve allí sentado, intentando procesarlo todo. El lenguaje del amor de Dios. Eso no lo di en teología sistemática. Todo esto parecía un poco raro, pero entonces recordé un versículo del libro de Hebreos: "*Pero sin **fe** es imposible agradar a Dios; porque es necesario que el que se acerca a Dios crea que le hay, y que es galardonador de los que le buscan*" (11:6, énfasis añadido).

Eso es, pensé. *Dios, con nuestra fe te agradamos. Y debido a que te agradamos por medio de nuestra fe, esa es la manera en que podemos mostrarte que te amamos. Igual que pasar tiempo de calidad con mi esposa le muestra que la amo.*

Esperaba escuchar el equivalente espiritual de "¡lo lograste!", pero sabía que todavía no había conseguido ver lo que Dios estaba intentando mostrarme.

Simplemente me quedé callado y esperé. Y esperé, y esperé. No me venía nada, así que llevé a Asher a casa para prepararlo para ir a la cama.

Más tarde, esa misma noche, la idea principal de esa revelación del lenguaje del amor me golpeó en la cara. No literalmente, por supuesto, pero sí me sacudió (de nuevo, no literalmente).

Dios me mostró que la fe no es solo la forma en que le demostramos el amor que le tenemos, aunque a Dios le agrada nuestra fe por lo que esta hace *en nosotros*. En realidad, la idea de que la fe sea el lenguaje del amor de Dios gira en torno al modo en que Él nos muestra su amor *a nosotros*.

Como suele pasarme, mi respuesta inicial fue hacer que la revelación girara en torno a mí: mi esfuerzo, mi músculo espiritual. Pero Dios intentaba mostrarme que no se trataba de que yo demostrara mi amor por Él a través de mi fe. El punto era que yo recibiera su amor reconociendo su fe en mí.

Esto me hizo regresar unos cuantos versículos a Hebreos 11:1: "*Es, pues, la fe la certeza de lo que se espera, la convicción de lo que no se ve*".

La fe no es solamente un concepto espiritual oscuro; es concreto y nace de la convicción. Una convicción que escapa de la prisión del presente. Una convicción que es vigorizada por una verdad que transformará el presente, trayendo consigo una nueva realidad.

FE, ESPERANZA Y AMOR

Y ahora permanecen la fe, la esperanza y el amor...
(1 Corintios 13:13)

La esperanza es la visión; la fe es el poder; el amor es el porqué.

Jesús vivió y murió para mostrarnos la verdadera forma de fe, esperanza y amor. Esta es la razón por la que ponemos los ojos "*en Jesús, el autor y consumador de la fe, el cual por el gozo puesto delante de él sufrió la cruz*" (Hebreos 12:2).

Jesús tenía (y tiene) una visión para nosotros. Una visión en la que estamos sentados con Él. Una visión de nosotros convertidos en reflejos de su gloria. Una visión en la que desarrollamos la capacidad para ver y conocer su amor, para poder compartir ese amor con aquellos que no tienen visión.

Jesús es el que perfecciona nuestra fe, y también es la evidencia de la fe de Dios en nosotros.

Piénsalo; Dios envió a Jesús antes de que tú pudieras dar un paso hacia Él. Antes de que hicieras cualquier cosa buena, la espada de Dios, la cruz que reclamó nuestro mundo para Cristo, se clavó profundamente en la tierra revelando la fe de Dios en nuestra humanidad.[2]

La cruz no solo representa la redención. También cuenta la historia de la fe de Dios, su amor inalterable (un tema frecuente en los Salmos) y su paciente resistencia. Él no se dará por vencido con nosotros. Incluso cuando nosotros somos infieles, Él es fiel. En inglés, la palabra *fiel* comunicaba la idea de estar lleno de fe (igual que la palabra *esperanzado* significa lleno de esperanza). Ahora la usamos con el significado de leal, y por supuesto que también significa eso. Pero la fe es la piedra angular de la lealtad.

Dios es fiel, y por lo tanto está comprometido con el objeto de su fe. No se puede tener fe sin un objeto (una persona o un resultado) al que se ancla esa fe. Sin el objeto, la fe no tiene sentido porque no tiene sustancia.

Dios tiene fe en ti porque te ve a través de Cristo. Él confía en la obra de su Espíritu. Él sabe que puede terminar la buena obra que comenzó; su fidelidad no depende de que tú seas fiel o no. En palabras sencillas, Dios está lleno de fe porque sabe de lo que *Él* es capaz; Él no batalla con la falsa humildad o la duda.

La pregunta es: ¿aceptarás la fe que Él ha puesto en ti? ¿Recibirás con los brazos abiertos la esperanza que Él ha puesto en ti y sobre ti? ¿O huirás de quien Él te creó para ser, y rechazarás la experiencia de su amor que transforma?

Permíteme ser claro: nada te puede separar del amor de Dios; Pablo hace mucho énfasis sobre esto en Romanos 8. Pero el orgullo y la idolatría bloquearán la experiencia de su amor. Dios no nos impone su voluntad, incluso cuando esa voluntad es que lleguemos a conocer su amor y lo compartamos con otros.

DIOS Y EL AMOR

Como hemos visto a lo largo de este libro, Dios es el Padre más entregado. Su entrega se extiende por el tiempo para tocar a cada generación, cultura y continente. La historia de la humanidad es una historia de familia contada mediante familias, con cada una añadiendo profundidad y alcance a la historia de amor de Dios. "*Porque de tal manera* ***amó*** *Dios al mundo [kosmos], que ha dado a su Hijo unigénito*" (Juan 3:16, énfasis añadido).

En otras palabras, el Amor se hizo hombre para que nosotros pudiéramos conocer el amor.

A menudo escucho a personas decir que Dios es amor, citando 1 Juan 4:8. Y esto es absolutamente cierto. Dios es amor. El perfecto amor es la sangre que corre por sus venas, y es el porqué que está detrás de cualquiera de sus "qué". El amor es el mayor de los tres eternos (fe, esperanza y amor) porque es el más fundamental de su naturaleza.

Pero ¿hemos hecho del amor un ídolo? ¿Hemos reducido a Dios a nuestro concepto del amor en lugar de permitir que su Espíritu y su Palabra transformen nuestro entendimiento acerca del amor?

El amor es nuestro mayor ídolo. Y si lo piensas, tiene sentido. Si el amor realmente es lo mejor y más elevado, entonces cuando cae, naturalmente caerá a lo más bajo.

El enemigo de nuestras almas es especialista en perversión. Y no hay duda de que su perversión del amor es su mayor y mejor perversión. Simplemente mira tu alrededor; no hay otra virtud más distorsionada.

Dios es amor; pero el amor no es Dios.

El amor es paciente. (1 Corintios 13:4, NTV)

Cuando pienso en Dios, no puedo evitar asombrarme por su paciencia. Nosotros estropeamos las cosas, y a veces estropeamos las cosas en su nombre; sin embargo, Él no nos rechaza, sino que trabaja con nosotros. Su Espíritu nos ofrece siempre ojos nuevos para ver, y una nueva visión.

Pero a menudo huimos de su visión. Es demasiado grandiosa. Demasiado hermosa. Demasiado exigente. Corremos hacia lo fácil y hacia la comodidad, esperando encontrar la buena vida en algún otro lugar. Pero no se puede encontrar en ningún otro lugar. De nuevo, el Espíritu de Dios nos llama fielmente y con delicadeza: *Recibe mi amor. Mi gracia es suficiente para ti.*[3]

Pero esta invitación parece una tontería. No es práctica y no es realista. Dios, no es posible que nos hayas creado para *eso*. Somos meros mortales. ¿Quiénes somos para que te acuerdes de nosotros? No queremos que tus ojos estén puestos sobre nosotros; preferimos las sombras, incluso si esconden la luz de nuestro interior.

Pero Dios es paciente y fiel a su visión para nuestras vidas. Pero no porque sea un Padre controlador que quiere que las cosas se hagan a su manera; Él no demandará nuestra participación porque vive indirectamente a través de nosotros y encuentra valía y dignidad en nuestro éxito. No, no se trata de eso en absoluto. Él está entretejido en el tejido de nuestro ser; no puede evitar sentir nuestra tensión.

Entonces ¿qué hace? Él añade su fe, esperanza y amor a nuestra tensión, despertando un sentimiento de vida nueva en nosotros. Él nos está despertando a nuestro Verdadero Yo y nos está dando una nueva esperanza. O más bien debería decir que nos devuelve a la antigua esperanza que estaba escrita en nuestros corazones.

Nosotros huimos de esa esperanza porque crea más tensión en nuestras vidas, pero no podemos tener esperanza sin tensión. Junto con la esperanza viene también el conocimiento de que las cosas cambiarán. Deben cambiar, porque algo más grande se vislumbra en el horizonte. Hay algo más grande en nuestro interior. Podemos verlo, sentirlo.

Podemos acercarnos a la tensión, o podemos huir de ella. Igual que sucede cuando estiramos una goma, mientras más corramos, mayor será la tensión.

Su paciente amor nos invita a acercarnos más; acercarnos al fuego consumidor que duele menos según nos vamos perdiendo en sus llamas. Cuando huimos de su fuego, su amor no se rinde, sino que toma el control de nuestro mundo, abriendo nuestros ojos a la inutilidad y a la falta de sentido que tiene la existencia sin la Vida. Creemos que queremos autosuficiencia y libertad del gran hombre malo del cielo, pero no podríamos estar más equivocados. Al correr, nos encontramos persiguiendo las sombras de su bondad, creyendo que la luna ofrece su propia luz.

En medio de todo, nuestro Padre bueno nos cuida pacientemente, sin imponer en ningún momento su providencia sobre nuestro libre albedrío. Después de todo, Él nos creó para llegar a ser hijos e hijas, no robots. Esa visión le impide interferir en nosotros. Esa visión lo llena de paciencia.

Una de las cosas que hacen que Dios sea *Dios* es que Él conoce el fin desde el principio. Su presciencia es un componente central de lo que le hace ser radicalmente diferente, y Él nos invita a ver nuestro mundo a través de sus ojos. Su Palabra nos cuenta el final de la historia, y Él nos invita a crear expectativa por ese gran final. Esta expectativa la creamos con la fe, la esperanza y el amor. La creamos mediante el poder de su Espíritu y la belleza de su gracia.

Hacemos todo esto con paciencia, sabiendo que Aquel que comenzó la buena obra en nosotros la terminará, y que llegará el día en que la rectitud de Dios, su justicia, amor y misericordia gobernarán las naciones. Llegará el día en el que todas las lágrimas llegarán a su diseño original. Todo corazón conocerá como fue conocido. La creación será rescatada de la decadencia, y la presencia manifiesta de nuestro Dios abrirá todo ojo. "*El amor es paciente... el amor durará para siempre*" (1 Corintios 13:4,8, NTV).

Todos somos invitados a vernos los unos a los otros con esta visión en mente, y a vernos a nosotros mismos a través de esta esperanza, descubriendo lo que significa ser santos. Este cambio de perspectiva inevitablemente creará tensión en nuestra vida y en nuestras relaciones. Después de todo, no somos como deberíamos ser. Este mundo se ha desviado.

¿Cómo hacemos nosotros, como pueblo de Dios, para avanzar hacia la visión que Dios ha declarado sobre nosotros? Lo hacemos con cuidado, intencionalmente, en oración y pacientemente.

Si observas con atención, comenzarás a interiorizar los ritmos de la gracia. Verás a Dios actuando en tu vida, y le pedirás que te dé la sutileza, la astucia y los matices necesarios para compartir sus buenas noticias. Las noticias de que este mundo no está bien, nuestras almas no están bien, y Dios, en su misericordia, nos llama al arrepentimiento y a una nueva forma de ser humanos. También nos llama a unirnos al negocio familiar de la salvación, el perdón y la restauración.

Esto es amor. Este es nuestro Dios. No hay nadie como Él.

AMOR POR LA LIBERTAD

Hemos visto cuán frágil y voluble puede ser el amor humano. Nos resulta difícil creer que es posible un amor arraigado en la devoción abnegada, y no en algún tipo de agenda cultural, generacional o política. El "amor" se ha usado demasiadas veces para manipular y controlar, y para conformar el objeto de su afecto a conductas "ideales". Pero este es un amor egoísta.

El enfoque verdadero del amor es la libertad: ser libre de cualquier cosa que degrade.

Eso es todo. El amor verdadero no tiene ningún otro motivo.

Cuando la mayoría de las personas piensan en la pureza, piensan en pureza sexual. Pero la pureza es mucho más que el simple hecho de abstenerse de conductas sexuales ilícitas. La pureza es tener completa libertad de cualquier cosa que te robe tu vitalidad. Esta clase de pureza requiere un proceso, un fuego refinador, por así decirlo. Y todos los procesos requieren paciencia.

De nuevo, nos vemos confrontados con este concepto de la paciencia, porque es inseparable del amor verdadero. E igual que el amor, su meta es la libertad.

La paciencia no hace concesiones, sino que se mantiene firme. Por eso la constancia es su hermana gemela. En estas dos encontrarás abundante confianza y esperanza; y debido a que la paciencia es alimentada por la fe y la esperanza, está siempre lista para ayudar. Ofrece bondad y comprensión. La paciencia no le tiene miedo a lo complicado.

En el octavo capítulo de Juan encontramos a Jesús relajado, sentado y rodeado por una gran multitud. Se encuentra haciendo lo que suele hacer, enseñar acerca del reino, cuando de repente llega un grupo de líderes religiosos para aguar la fiesta. Han encontrado la oportunidad perfecta de ponerlo a Él en un apuro. De alguna manera, estos tipos han descubierto a una mujer en el acto mismo del adulterio, y quieren la opinión de Jesús sobre lo que deberían hacer con ella.

Los fariseos quieren apedrearla, y usan su conocimiento de la ley para justificar su postura. Ven a Jesús como alguien débil, un hombre lleno de ideas nobles, pero al que le faltan agallas. *Este es nuestro momento de triunfo*, piensan. *El pueblo por fin verá que Jesús es un falso.*

Su temperatura sube, sus corazones se aceleran. Las personas comienzan a buscar piedras.

Pero como siempre, Jesús hace algo sorprendente: no dice nada. Ni siquiera se levanta; simplemente comienza a hacer garabatos en la arena tranquilamente, pacientemente y sin prisa.

Esto, por supuesto, enfurece a los fariseos. Ellos demandan respuestas. Quieren que Jesús escoja un bando. Finalmente, Él habla. Sin inmutarse, Jesús se pone de pie y dice: *"El que de vosotros esté sin pecado sea el primero en arrojar la piedra contra ella"* (v.7).

Entonces, como no tiene nada más que decir, regresa de nuevo a la arena y continúa escribiendo.

Hay muchas teorías acerca de lo que Jesús escribió en la arena. Nadie puede saberlo con seguridad, pero la explicación más convincente que he oído sugiere que escribió un versículo de Jeremías 17 para destapar la hipocresía de los líderes religiosos:

> *¡Oh, Jehová, esperanza de Israel! Todos los que te dejan serán avergonzados; y los que se apartan de mí serán escritos en el polvo, porque dejaron a Jehová, manantial de aguas vivas.* (v.13)

Es interesante saber que en Juan 7, solo un capítulo antes, Jesús había estado enseñando acerca de esta agua viva. ¿Es relevante la proximidad de estos dos relatos? Yo creo que sí.

Las palabras de Jesús, tanto escritas como orales, ejercen un claro efecto sobre aquellos que estaban presentes. Los acusadores comienzan a marcharse, haciéndolo primero los más sabios y los más ancianos. Esos hombres eran probablemente los más conscientes de su hipocresía y de su lucha interna: la disonancia que invadía sus almas.

Después de que todos se marcharon, Jesús se pone de pie y mira a la mujer. Este detalle es muy interesante. Mientras sus acusadores estaban presentes, Jesús miraba principalmente a la tierra. Pero una vez que esos falsos jueces abandonan la escena, el único que tiene derecho a juzgarla se pone de pie. Había llegado el momento de que Jesús asumiera su papel legítimo como juez sobre la vida de esta mujer, y está preparado para entregar su veredicto. Sus palabras tienen poder.

Desde este lugar de autoridad, Él le mira y dice: "*Mujer, ¿dónde están los que te acusaban? ¿Ninguno te condenó? Ella dijo: Ninguno, Señor. Entonces Jesús le dijo: Ni yo te condeno; vete, y no peques más*" (8:10-11).

Qué preciosa demostración de fe, esperanza y amor. Qué descripción más sorprendente de paciencia. Las palabras de Jesús le duelen a ella, pero a la vez le sanan. Sus palabras penetran más profundo que las acusaciones de los fariseos, viajando hasta las profundidades de su alma. Ella sabe que es culpable, pero Jesús le ofrece una nueva vida. Y con esta nueva vida, Él requiere todo de ella. Su amor revelado mediante la fe ahora hace que lo imposible sea posible, y con esa fe llega también el poder milagroso para que ella pueda irse y no pecar más.

Notemos que Jesús acusa implícitamente a la mujer de pecar. Él no tiene miedo de llamar pecado al *pecado*. Él no dice: "No te preocupes por tu pecado porque mi gracia lo cubrirá todo". Jesús, más que nadie, sabe que el pecado tiene consecuencias, y no alimentará la oscuridad en el corazón de esta mujer. Él es luz, y la luz revela la verdad.

Jesús tiene esperanza y un propósito para esta mujer, y por eso no la condena. Él señala el pecado y lo condena, pero se niega a condenarla a ella.

La palabra griega que se traduce como "condenar" en este pasaje significa, en su sentido más básico, romper, partir, filtrar, y finalmente repartir.[4] En otras palabras, significa rechazar: de manera profundamente rotunda. Los fariseos inicialmente proponen este tipo de juicio, pero Jesús, como verdadero juez de la mujer, se niega a ponerle la etiqueta de fracasada. Sí, ella había fracasado, pero su camino estaba lejos de haber terminado. En lugar de condenarla, Él le invita a condenar o abandonar el pecado que había causado su vergüenza.

Ella había obtenido la libertad verdadera.

Todo esto fue posible porque Jesús tenía una esperanza paciente. Él estaba dispuesto a ver más allá de su presente y a luchar por su futuro; y esto es lo que Él hace por cada uno de nosotros. Este es su lenguaje del amor: un amor revelado en esperanza y fe pacientes. Él no nos ve como somos, sino como podríamos ser. Pablo había tenido una revelación personal del misterio de la paciencia de Dios, y por eso escribe: *"Pero Dios tuvo misericordia de mí, para que Cristo Jesús me usara como principal ejemplo de su* ***gran paciencia****"* (1 Timoteo 1:16, NTV, énfasis añadido).

Jean Vanier escribió que el amor verdadero es "revelar a otra persona su propia belleza".[5] Jesús sabe que si tratamos a una persona tal como es, seguirá siendo como es. Pero si le tratamos como podría y debería ser, se convertirá en algo más. Por eso la Escritura nos recuerda constantemente quiénes somos en Cristo. Es una invitación a acceder a ese algo más.

TOLERANCIA Y PACIENCIA

La pregunta es: ¿creemos en ese algo más? ¿Estamos dispuestos a pelear pacientemente para obtenerlo? ¿Mantendremos la esperanza? ¿Confiaremos en la fe que Dios ha puesto en nosotros?

Nuestro mundo exige tolerancia porque no tienen esperanza. No sabe cómo creer en un mejor mañana; lo único que hace es intentar manejar y apaciguar los sufrimientos del presente. La integridad que Dios tiene para nosotros, la perfección hacia la cual nos guía su amor requiere un proceso. Este proceso nos lleva hasta el final de nuestro falso yo y abre nuestros ojos a las maravillas de la vida, el amor y la verdad.

Pero rechazaremos este proceso (¡es doloroso!) cuando perdamos de vista su propósito: libertad completa de cualquier cosa que nos roba la vida. Esta es la meta del amor: la integridad de aquellos a los que ama.

> *Hay muchas personas en nuestro mundo que necesitan que les mostremos amor verdadero. Necesitan que los amemos lo suficiente como para no ofrecer simplemente respuestas superficiales y vacías de convicción verdadera. Estas personas (nuestros familiares, amigos, compañeros de trabajo y demás) necesitan que nos ensuciemos las manos. Necesitan que salgamos de nuestras cajas de cristianos, y*

> *que rompamos las reglas sin violar nunca la ley de Cristo. Esta clase de amor paciente no mira a otros con desprecio, sino que se arrodilla en la arena para obtener un entendimiento y una perspectiva correctos. Requiere que encontremos a quienes no es fácil amar, pero se niega a ceder en sus convicciones. Se niega a decir que lo bueno es malo y que lo malo es bueno. Este amor quiere algo más que una paz falsa, y no persigue ser políticamente correcto. Persigue la transformación profunda.*

La tolerancia puede arrodillarse en la arena, si es lo más fácil o lo más popular, pero nunca se pone de pie de nuevo. Nunca nos llama a algo más porque carece de fe y esperanza.

Un Jesús tolerante habría salvado a la mujer de los fanáticos religiosos para después dejarla que siguiera su camino, sin tener en cuenta que era capaz de mucho más. No habría pasado mucho tiempo hasta que ella volviera a sus viejas andadas.

Pero el mensaje de Jesús de perdón paciente le dijo que el pecado podía dejarse atrás, y la llevó de regreso a su Verdadero Yo. El deseo de encontrar vida, significado y conexión le habían llevado a los brazos del adulterio. Jesús le mostró que ella ciertamente había sido creada para tener esas cosas, pero lo estaba abordando de la manera incorrecta. Él le permitió ver un destello de lo que es el amor real, y a continuación le invitó a cambiar; a irse y no pecar más.

> Precisamente por el hecho de que el perdón es perdón y no mera tolerancia, debe ir acompañado de un rechazo implacable a colaborar con el pecado, la violencia, el prejuicio, el rencor, el orgullo, la avaricia, la lujuria, o cualquiera de las cosas que destruyen y corrompen la creación de Dios que es buena y hermosa.[6]

La paciencia no condena, pero sí convence de pecado. Y convence porque crea tensión en nuestras vidas; una tensión que puede llevarnos a morir al falso yo. Jesús no aprobó o toleró la decisión de la mujer de ser adúltera. Hacerlo hubiera sido como condenarla a una suerte peor. Hacerlo hubiera sido aborrecerla. En lugar de eso, sus acciones le dieron un claro mensaje: *Querida, fuiste creada para mucho más. Ahora, empoderada por mi fe, esperanza y amor, ve y vive una vida sin pecado.*

El amor no es la negación del pecado. No es ser indiferente hacia lo que roba la vida y la integridad. Eso es tolerancia, no amor; el amor aborrece cualquier cosa que nos haga daño.

Por eso el amor es la respuesta apropiada, la respuesta de Dios, al pecado. El amor nos hace avanzar pacientemente hacia la libertad y la integridad. El amor nos libera de la vergüenza y del poder del pecado. El amor trabaja con nosotros, penetrando hasta lo profundo de nuestro ser hasta que despertamos y somos plenamente conscientes de la plenitud de la salvación.

La tolerancia huye de la tensión, porque le aterra la incomodidad. "¡Oye, simplemente sé tú mismo!", grita. El egoísmo y el temor son sus amigos, y presumiendo de una falsa autenticidad, la tolerancia anima a sus víctimas a quedarse en las aguas poco profundas. Nunca los alienta a adentrarse en las corrientes más profundas de la existencia.

Pero Dios no puede hacer esto y tampoco lo hará. Él apela a la parte más profunda de nuestro yo (el Verdadero Yo) para que lo conozcamos y lo demos a conocer. Él nos dice: *Sumérgete en mi amor. En él, encontrarás una resiliencia que es paciente. Te llevaré a lugares a los que nunca pensaste que podrías ir, y te transformaré a imagen de mi Hijo. Ahí encontrarás el descanso y el propósito que tu alma desea.*

NOMBRES

¿Alguna vez te han llamado *Satanás*? Creo que no se me ocurre un insulto peor o más frío.

Pero eso es exactamente como Jesús llamó a Pedro.

Pedro, el hombre que había dejado todo para seguir a Jesús; el hombre que un día sería crucificado boca abajo. ¿Y sabes lo que es realmente curioso? Tan solo cuatro *versículos* antes de llamar Satanás a Pedro, Jesús profetiza que su iglesia sería edificada sobre este hombre: el mismo Pedro al que ahora llama Satanás.

He escuchado a personas que intentan restarle importancia a este incidente. Necesitan mantener la imagen que han creado de un Jesús que es buena gente, el de la sonrisa, la sanidad y el pan gratis. Pero no hay modo de ignorar esto: "*¡Quítate de delante de mí, Satanás!; me eres tropiezo, porque no pones la mira en las cosas de Dios, sino en las de los hombres*" (Mateo 16:23).

¿Por qué se indignó tanto Jesús? ¿Qué había hecho Pedro para provocar una respuesta tan severa? Echemos un vistazo:

> *Desde entonces comenzó Jesús a declarar a sus discípulos que le era necesario ir a Jerusalén y padecer mucho de los ancianos, de los principales sacerdotes y de los escribas; y ser muerto, y resucitar al tercer día. Entonces Pedro, tomándolo aparte, comenzó a reconvenirle, diciendo: Señor, ten compasión de ti; en ninguna manera esto te acontezca.*
>
> *(vv. 21-22)*

A primera vista, la respuesta de Pedro a Jesús estaba llena de amor. Después de todo, ¿acaso no demuestra amor querer que alguien no muera? Pero si miramos más allá, vemos que las palabras de Pedro estaban fundamentadas en el temor: temía por su propia vida y su llamado. Este no era amor verdadero; era egoísmo.

Jesús, por otro lado, respondió con amor *llamando Satanás a Pedro.*

Mira, Jesús entiende mejor que cualquiera de nosotros que todos somos una obra en progreso. Cuando Él nos corrige, no es una forma de rechazo; es la confirmación de su propósito para nuestra vida y de que cree en nosotros. Hemos sido destinados a algo mayor y somos capaces de algo mayor, así que Él nos alienta a seguir avanzando hacia ese algo mayor. Sus palabras, aparentemente duras, estaban llenas de amor verdadero y carecían de eufemismos. Jesús estaba dispuesto a morir por Pedro, así que no tenía problema alguno en decirle la verdad.

De manera similar, la confianza de Dios acerca de lo que Él ha puesto sobre nosotros y en nosotros no le permite rendirse. Su amor no le permite hacer concesiones, así que nos lleva hacia delante con fidelidad.

Esta es la clase de amor que deberíamos tener los unos por los otros: un amor muy diferente al amor del mundo. Es un amor de devoción altruista; un amor que está dispuesto a declarar: "¡Esto no está bien!".

Sí, hay "cristianos" que supuestamente hacen las cosas de esta manera. Hay muchos que se quedan detenidos en los laterales y señalan las cosas que no están bien en el mundo. Pero a estas personas siempre les falta algo: no están dispuestas a morir por las personas a las que señalan. Su intensidad e indignación nacen de la arrogancia, no del amor.

Existe una razón por la cual después de corregir a Pedro, Jesús comienza a hablar inmediatamente del precio de seguirlo a Él; el precio de conocer su amor y aprender sus caminos. Él les dice esto a sus discípulos:

> *Si alguien quiere ser mi discípulo, tiene que negarse a sí mismo, tomar su cruz y seguirme. Porque el que quiera salvar su vida, la perderá; pero el que pierda su vida por mi causa, la encontrará. ¿De qué sirve ganar el mundo entero si se pierde la vida? ¿O qué se puede dar a cambio de la vida?*
>
> (Mateo 16: 24-26, NVI)

Ya que la cruz fue el mayor acto de amor, tomar nuestra cruz es la continuación y la representación de ese amor. No hay otra forma. Únicamente podremos encontrar vida si morimos al falso yo. Más específicamente, debemos morir al yo en los brazos del Amor. En esos brazos aprenderemos a amar a otros hasta el punto de morir por ellos.

Esa es la meta del amor. Igual que Jesús, debemos amar tanto al mundo que estemos dispuestos a morir por él. "*Este es mi mandamiento: Que os améis unos a otros, como yo os he amado*" (Juan 15:12). Cuando amamos como Jesús, estamos dispuestos a morir al yo, a la pretensión, a la comodidad, y a cualquier otra cosa que nos impida amar a otros como Él ama. Desde esta posición de amor altruista, podemos dejar a un lado la tolerancia y aprender la resiliencia paciente.

AMAR A NUESTRO MUNDO

George MacDonald escribió una vez que "la resolución de Dios es que sus hijos e hijas se amen los unos a los otros con amor perfecto. Él nos dio los unos a los otros para que nos pertenezcamos los unos a los otros para siempre".[7] El amor verdadero escapa a los confines del tiempo, haciéndose parte de una historia eterna.

No podemos amar bien cuando vemos la vida solo con una lente temporal. La realidad es que la fe, la esperanza y el amor duran para siempre, y siempre serán parte de nuestras vidas. Cuando aceptamos su naturaleza trascendental, seguimos las reglas y los caminos del cielo, abriendo nuestras vidas a la grandeza del amor verdadero, que es íntimo y eterno.

El amor verdadero inevitablemente creará tensión en nuestro mundo. Requiere que realmente nos preocupemos por las personas, y cuidar de las personas crea conflicto: complica las cosas. Muchos huimos de este conflicto porque aborrecemos la tensión que lo acompaña. No queremos hacer la paz; queremos guardar la paz. El *statu quo* es demasiado fácil y demasiado conveniente. ¿Por qué pelear contra el sistema? ¿Por qué ser tan disruptivos?

Pero el mensaje de Jesús era y es que el sistema del mundo, dirigido principalmente por su concepto del amor y las relaciones, tiene fallas imperdonables. Debemos desecharlo para que algo nuevo pueda tomar su lugar. ¡Debemos pelear contra el sistema!

Trágica e irónicamente, el amor egoísta de este mundo hace que el "yo" sea desesperadamente pequeño. Por eso nosotros, como el pueblo de Dios, tenemos que creer que somos quien Dios dice que somos: hijos e hijas del Altísimo, transformados en Cristo y habiendo recibido un glorioso mensaje de reconciliación que se extiende más allá de nosotros (ver 2 Corintios 5:18-19).

La mayoría de las personas no se aman a sí mismas verdaderamente: aman a un falso yo que, sin duda, saben que no es digno de amor. Este rechazo hacia sí mismos, incluso aunque se camufla como amor propio, hará que traten a otros con un desdén similar, impidiendo una conexión real.

Pero el amor verdadero abrirá tu corazón a otros, proporcionándote un entendimiento íntimo de sus miedos, necesidades y dificultades. Gracias a este conocimiento podrás amarlos como has aprendido a amarte a ti mismo, a tu Verdadero Yo: aquel que ha nacido de nuevo para alcanzar la Vida, irradiando verdad y rebosando amor.

¿Te imaginas un mundo en el que los santos de Dios persiguen un amor como ese, un mundo en el que nuestras relaciones están llenas de su fe y esperanza? Sería un mundo glorioso. Nos animaríamos los unos a los otros a continuar con paciente resiliencia. Este es el amor que nos marcaría como de Él, un amor santo, derivado de la singularidad de Dios. Vale la pena perseguir un amor como ese. A fin de cuentas, este es el amor que caracterizará los sistemas del nuevo mundo de Dios.

He visto destellos de este amor en mi propio matrimonio, en mi propia familia y en mi propia comunidad. Pero quiero ver más. Este amor crea lazos inquebrantables de fraternidad y confianza, y fomenta una intimidad que es preciosamente salvaje. Además, deja espacio para el tipo de crecimiento que supera cualquier expectativa y limitación.

Esta clase de amor nos lleva hacia la perfección amándonos.

PERFECCIÓN

La palabra *perfección* a menudo deja un sabor amargo en nuestra boca. En ocasiones puede parecer una gran burla, una recompensa que cuelga de un hilo solo un poco más allá de lo que podemos alcanzar con nuestros dedos. Un recordatorio de que no somos lo suficientemente buenos y nunca lo seremos.

Yo soy primogénito y perfeccionista (sí, sé que "perfeccionista" es una simplificación excesiva, pero sé paciente conmigo).

Cuando era niño, sentía constantemente que estaba a un pecado del infierno... o de convertirme en el anticristo. Mi experiencia cristiana pasaba por la lente de mi yo, sorteando el concepto de que yo fuera una nueva criatura *en* Cristo. Y pensaba que nunca podría ser lo suficientemente bueno para Dios.

Pero cerca de la fecha en la que cumplí veintiún años, todo cambió. Ese verano (cumplo años en junio) trajo con él una revelación del amor que ha remodelado mi vida. Comencé a hacerme una idea de cómo me ve Dios, y mi concepto de perfección comenzó a cambiar.

Desde entonces han pasado diez años, y sigo siendo perfeccionista (puedes preguntarle a mi esposa), pero tengo seguridad en quién soy en Cristo. Y esa revelación del amor y compromiso de Dios conmigo me ha hecho libre de ser consumido por mi propia perfección, o la falta de ella.

Ahora, cuando me encuentro con áreas de mi vida que están lejos de ser perfectas (y hay muchas de ellas), puedo humillarme y hacer espacio para que la gracia de Dios haga lo que solo ella puede hacer: redimir mi pasado y empoderar mi futuro. Evitando obsesionarme con mi concepto de perfección, y defendiendo ardientemente esa posición, avanzo irónicamente hacia una perfección mayor. Ese es el poder de la humildad.

Al dejar ir mi idea de lo que es la perfección, que irremediablemente es más pequeña que el plan de Dios para mi integridad y sanidad, he sido libre del poder de la condenación. De hecho, no he tenido problemas con la condenación desde hace más de una década. Pero al mismo tiempo, nunca he sido más consciente de la desconexión existente entre el lugar donde me encuentro hoy y el lugar donde Dios desea que esté. Aunque no he conocido condenación, he tenido que acostumbrarme a navegar por los mares de la convicción de pecado.

Muchas veces la convicción de pecado y la condenación se meten en el mismo saco, así que quiero resaltar algunas de sus principales diferencias.

La convicción de pecado es dolorosa, pero hay esperanza. El dolor está arraigado en cómo afectan nuestras decisiones a Dios y a los demás; la convicción está centrada en Dios y en los demás. Finalmente, se ancla a una imagen o visión de hacia dónde nos está llevando Dios; podríamos decir que nos impulsa hacia delante.

La condenación es dolorosa, y no hay esperanza. El dolor está arraigado principalmente en cómo nuestras decisiones nos han afectado a nosotros. La condenación está centrada en nosotros mismos. Finalmente, se ancla a nuestro pasado, una visión de lo que hemos sido. Hace que nos sintamos atascados, llenándonos de temor e impidiéndonos avanzar.

Como puedes ver, tanto la convicción de pecado como la condenación van acompañadas de dolor. En otras palabras, no hay manera de escapar del dolor, y eso no es malo. El dolor es bueno mientras sea necesario.

Cuando recibimos la habilidad de Dios de redimir el dolor, avanzamos hacia la verdadera perfección. Santiago desarrolla esta idea: "*Hermanos míos, tened por sumo gozo cuando os halléis en diversas pruebas, sabiendo que la prueba de vuestra fe produce paciencia. Mas tenga la paciencia su* ***obra completa****, para que seáis* ***perfectos*** *y cabales, sin que os falte cosa alguna*" (Santiago 1:2-4, énfasis añadido).

Fíjate en que Santiago comienza con una declaración de celebración. ¡Alégrate cuando pases por las pruebas! ¡Deléitate en el dolor! A primera vista, tenemos que preguntarnos si Santiago se ha vuelto loco. ¿Se le ha subido la persecución a la cabeza? Pero cuando seguimos leyendo, vemos que Santiago no podría tener más razón.

La palabra griega *teleios* que se traduce como "obra completa" y "perfecto" es una de mis palabras griegas favoritas. Realmente no tenemos una palabra en español que pueda reflejar por completo lo que quiere decir. No se refiere a una perfección que es el resultado de seguir todas las reglas o cumplir con todos los requisitos; se refiere a una perfección o integridad que llega solamente como resultado de un proceso. Es una perfección construida sobre la paciencia, la fe y la dedicación.

Lo que quiere decir Santiago es que Dios usa las pruebas (o el dolor) en nuestras vidas para purificarnos y restaurarnos. Dios no desperdicia nada, e incluso encuentra maneras de redimir el dolor y las pruebas, causadas por nuestros propios pecados personales y el quebranto general de este mundo, para completar una obra perfecta en nosotros. Su amor por nosotros tomó forma humana para que Él pudiera guiarnos íntimamente a través del sufrimiento. Por esa razón el autor de Hebreos nos dice que Jesús aprendió la obediencia a través del sufrimiento y que fue hecho *perfecto* (misma raíz que *teleios*) en el proceso (ver 5:8-9). Jesús "se convirtió verdadera y completamente en lo que en su naturaleza ya era"[8] a través de la obediencia en el proceso.

No nos gusta la idea del sufrimiento. Pero Dios usa ese dolor para revelar nuestra nueva vida, el Verdadero Yo. Hablando sobre Pablo, Dios dijo: "*porque yo le mostraré cuánto le es necesario padecer por mi nombre*" (Hechos 9:16). En estas palabras no existe malicia. De hecho, no sé si existen palabras más llenas de amor porque todo lo que Dios dice y hace sale del amor. Incluso en medio del juicio y a través de él, Dios nos ama. Su amor no vacila, y Él es siempre el mismo. Es el Dios inmutable. Eternamente constante. Siempre bueno.

AMOR ARDIENTE

Quiero terminar este capítulo volviendo a 1 Corintios 13.

> *Si hablara elocuentemente en los muchos idiomas de la tierra, y en los idiomas celestiales de los ángeles, pero no me expresara con* ***amor,*** *mis palabras se verían reducidas al sonido hueco de un címbalo que resuena.*
>
> (v. 1, TPT, énfasis añadido, traducción libre)

He utilizado *The Passion Translation* en este versículo porque ofrece notas a pie de página que explican algunas de las distinciones entre los textos arameo y griego del Nuevo Testamento. Mientras que los manuscritos acreditados están en griego, me gusta observar algunos de los matices que encontramos en los textos arameos.

La palabra aramea para amor que encontramos en este versículo es *hooba,* y es un homónimo que también significa "prender fuego". La idea es que este amor brota de "las profundidades del corazón como una energía eterna; un poder activo que une los corazones y las vidas mediante *relaciones seguras*".[9]

A fin de cuentas, el amor trata de intimidad y relación. Todos buscamos esta clase de conexión segura, y no podemos hallar la buena vida sin ella. Las relaciones son lo que nos une y le dan sentido a la vida. Por eso Dios está tan decidido a ayudarnos a descubrir el amor y a desarrollar la capacidad de amar bien a otros.

Dios nos ve como somos y también como deberíamos ser, y nos ama en todo ese proceso. Podemos confiar en su amor. Con paciencia, podemos abrazar el dolor del proceso incluso cuando no tiene sentido. Dios promete redimir el dolor, utilizándolo para revelar nuestro Verdadero Yo que en Él está seguro. Esa es la visión que Él tiene para nosotros, y es una visión por la que estuvo dispuesto a morir.

Si recibimos con brazos abiertos el amor paciente y ardiente de Dios, el amor que nos ama hasta hacernos puros, entonces podemos escapar de las ataduras de nuestro falso yo y experimentar la restauración perfecta. Esta perfección ya ha sido declarada sobre nosotros, y nos ha sido dada en Cristo.

Lleno de fe, Dios está completamente enamorado de ti. El amor verdadero no puede contenerse, porque eso no es posible. Nada puede separarnos de su poder; el espacio, el tiempo y la materia no pueden retenerlo (ver Romanos 8:37-39). El Cordero perfecto ha vencido los límites de la cronología. Él es amor. La pregunta es: ¿escogerás sumergirte en su amor ardiente? ¿Estarás satisfecho con no entender la altura, la profundidad y la anchura de su alcance?

El amor ha ganado, y Dios te ve a ti en su victoria.

DESHECHO

Sombras y oscuridad.
Máscaras y memes.
La semejanza es bondad.
El statu quo es supremo.

Hay seguridad y caos,
Y normas entre ambos extremos.
Normas que hacen pequeñas nuestras vidas,
Predecibles y limpias.

Pero el Autor de la vida
Es cualquier cosa menos seguridad.
Su amor es peligroso,
Salvaje es su gracia.

Él desea el falso yo:
Esa perversión de la existencia.
Su muerte es tu ganancia,
Tu asombro se revela.

No niegues quién eres.
Tu Verdadero Yo te llama.
Es hora de deshacerse,
Las farsas se desmontan.

Se acerca un baile que se llama vida,
Acércate a su ritmo y su canción.
En esta cadencia de esplendor,
Encontrarás tu lugar.

10 de noviembre, 2018
Colorado Springs

DE REGRESO A LA VIDA

El primer hombre fue creado del polvo de la tierra,
y desde entonces las personas son terrenales;
el segundo hombre fue creado en el cielo,
y ahora las personas pueden ser celestiales.
De la misma manera en la que hemos trabajado
desde nuestros inicios terrenales,
abracemos nuestro final celestial.
—1 Corintios 15:47-49, MSG (traducción libre)

En su libro *The Song of the Bird* (El canto del ave), Anthony de Mello nos cuenta la siguiente historia:

Hubo un hombre que se encontró un huevo de águila y lo puso en el nido de una gallina de campo. El aguilucho nació a la vez que la nidada de polluelos y creció con ellos.

Durante toda su vida el águila hizo lo que hacían los polluelos, pensando que él mismo era un polluelo. Rascaba la tierra para encontrar lombrices e insectos, cacareaba y graznaba. También azotaba sus alas y volaba unos pocos metros.

Pasaron los años y el águila envejeció. Un día vio a un ave magnífica que sobrevolaba por encima de él en el cielo despejado. Planeaba majestuosamente sobre las corrientes de aire, apenas batiendo sus potentes alas doradas. El águila observaba asombrado. "¿Quién es ese?", preguntó.

"Ese es el águila, el rey de las aves", le dijo su vecino. "Él pertenece al cielo. Nosotros pertenecemos a la tierra; somos gallinas".

Así que el águila vivió y murió como una gallina, porque eso es lo que pensaba que era.[1]

Para poder convertirse en lo que fue creado para ser, el águila habría tenido que desaprender mucho de lo que había aprendido acerca de sí mismo. En muchos sentidos, era más fácil seguir siendo una gallina, ya que esa era la única forma de vida que conocía. Ser una gallina tenía sus dificultades, como el hecho de no poder elevarse más de unos pocos metros del suelo, pero era lo seguro, lo familiar; y tenía comida y refugio gratis.

No podía ser un águila y una gallina a la vez. Sí, podía haber sido un águila que a ratos se olvidara de quién era y cacareara, pero no podía ser un águila sin surcar los cielos. Después de todo, ¿qué es un águila sin su vuelo?

De la misma manera, no es fácil para nosotros desaprender cosas. Nuestro cerebro hace incontables suposiciones por el bien de la eficacia, y esas suposiciones se convierten rápidamente en hechos si las dejamos sin cuestionar. En un sentido muy real, nos volvemos ciegos *descuidadamente*, reuniendo solo los datos que apoyan nuestras suposiciones existentes acerca de nosotros mismos y de nuestro mundo.

Las conductas y las preferencias se construyen sobre la base de lo que creemos: los "hechos" conscientes o subconscientes que gobiernan nuestras vidas.

Es difícil dejar atrás lo familiar, lo conocido y lo casi demostrado, especialmente cuando nuestra identidad, propósito o placer están en juego. En nuestra falsa humanidad, hemos creado ideas complejas de lo que hace falta para ser felices y sentirnos realizados. Distraídos, hambrientos y desilusionados, pasamos nuestras vidas persiguiendo los dioses conocidos del sexo, lo material y el estatus, a menudo usando la religión como un altar más para adorarlos.

Pero fuimos creados para cosas más elevadas, y nuestro destino no es el de ser esclavos de los caprichos temporales. Después de todo, somos seres eternos; por lo tanto, solamente lo eterno podrá satisfacer nuestros deseos.

A su estilo redentor, Dios utiliza el quebranto de nuestro mundo para prepararnos para lo que ha de llegar. En otras palabras, Él usa las dificultades temporales para forjar belleza eterna. Por eso Pablo escribe:

> *El Espíritu mismo da testimonio a nuestro espíritu, de que somos hijos de Dios. Y si hijos, también herederos; herederos de Dios y coherederos con Cristo, si es que padecemos juntamente con él, para que juntamente con él seamos glorificados. Pues tengo por cierto que las aflicciones del tiempo presente no son comparables con la gloria venidera que en nosotros ha de manifestarse. Porque el anhelo ardiente de la creación es el aguardar la manifestación de los hijos de Dios.* (Romanos 8:16-19)

Ni siquiera vale la pena comparar los sufrimientos del presente con la gloria que está por llegar. Y notemos que estos sufrimientos son inseparables de nuestra nueva vida en Cristo. De hecho, no podemos ser hijos e hijas de Dios sin estos dolores del crecimiento. El mundo no está bien, y nosotros tampoco. El dolor es la evidencia de que el Espíritu de Dios nos guía con amor hacia la libertad y la restauración. Estos dolores hacen que podamos ver la futilidad del falso yo y nos posicionan para poder recibir la vida del Espíritu, la cual puede llenar las profundidades de nuestras almas inmortales.

Toda la creación anhela que conozcamos el misterio de Cristo en nosotros, la esperanza de gloria. Nos hemos contentado con jugar a la religión, creando un dios a nuestra imagen, cuando Dios nos llama a las aguas de la nueva creación. La pregunta es: ¿estamos dispuestos a rendirnos a nuestra nueva vida en Cristo, o simplemente vestiremos el viejo yo con ropa bonita de iglesia?

A menudo vemos las dificultades como ocasiones en las que Dios nos quiere enseñar algo. Pero Dios, más veces de las que creemos, usa las pruebas para ayudarnos a desaprender lo que nos destruye. Las pruebas nos dan la oportunidad de divorciarnos de la insensatez del orgullo; nos invitan a volver a ser como niños: ese estado que simultáneamente está lleno de confianza y humildad. Ese es el estado desde el cual podemos entrar al reino de Dios: *"De cierto os digo, que si no os volvéis y os hacéis como niños, no entraréis en el reino de los cielos"* (Mateo 18:3). Si no nos hacemos como niños, no podremos llegar a experimentar la simplicidad y la sinceridad de la buena vida.

Si queremos encontrar la buena vida, hay muchas cosas que debemos desaprender, comenzando por nuestra identidad. Por eso los conceptos del reino de Dios, la vida y la salvación a menudo se acompañan de metáforas que hablan de nacer de nuevo. Para poder recibir la novedad de vida que encontramos en Dios, debemos convertirnos en algo nuevo. Los niños son nuevas creaciones; en cierto sentido, son como un lienzo en blanco, listos para las pinceladas del artista.

De hecho, los bebés nacen con solamente dos miedos: los ruidos fuertes y caerse.[2] Yo creo que el reino de Dios requiere que seamos como niños porque se trata de una nueva forma de ser humanos que es aterradora y aparentemente imposible de alcanzar. Y si vamos a dar el salto a la nueva vida, tendremos que desaprender viejos miedos y los "hechos" que hacen que nuestras vidas sean pequeñas.

La pregunta es: ¿seremos personas de la carne o personas del Espíritu?

La vida de resurrección nos impulsa a mirar hacia arriba y desplegar nuestras alas. Si cacareamos sin querer, Dios no nos echará del cielo, pero sí nos recordará, sin embargo, que fuimos creados para volar.

SANTIDAD DE VIDA

> *Es la resurrección; resurrección, siempre es la resurrección la que respalda lo que hago y lo que digo y mi forma de vivir... Piensen con claridad. Despierten a la santidad de vida.* (1 Corintios 15:30-34, MSG, traducción libre)

Me encanta la manera en que la paráfrasis de *The Message* une la resurrección con la santidad de vida. Como ya sabemos, santidad no es solamente seguir las reglas; más bien es una vida marcada por la singularidad de Dios: *la* cualidad que le hace Dios. Como hijos de Dios, debemos correr hacia la promesa de la santidad, echando fuera cualquier cosa que distorsione nuestra integridad en Cristo. Si hemos de experimentar nueva vida,

vida de resurrección, no tenemos otra opción sino perseguir la santidad.

La resurrección de Jesús trajo consigo una nueva manera de ser humanos; de otro modo, no podríamos despertar a la santidad de vida. Pero en Jesús encontramos una nueva vida que deberíamos conocer ahora y experimentar plenamente cuando Él regrese. La nueva vida que está disponible para nosotros ahora es una prueba de su resurrección *y* de su regreso prometido.

Segunda de Corintios 5:17 se puede traducir literalmente como: "Por lo tanto, si alguno está en Cristo, existe en un nuevo orden creado. El viejo ha muerto, he aquí, lo nuevo ha llegado". Existe (no "existirá") un nuevo orden creado, y lo viejo ha muerto (no "morirá") y lo nuevo ha llegado (no "llegará").

"Él, de su voluntad", escribe Santiago, *"nos hizo nacer por la palabra de verdad, para que seamos primicias de sus criaturas"* (Santiago 1:18). Los santos de Dios son las primicias de lo que ha de venir. Somos la evidencia del poder de la cruz, y señalamos a la realidad de la nueva creación del día prometido. Trabajamos por y para esa realidad futura, muriendo fielmente a nuestro falso yo para poder conocer la vida de resurrección de Jesús, esa vida que ya está disponible por medio de su Espíritu en nosotros.

Tanto en 2 Corintios como en Efesios, Pablo usa la metáfora de un anillo de compromiso para comunicar la peculiar relación entre nuestra nueva vida ahora y la vida prometida que ha de venir.

Cuando dos personas se comprometen, las cosas cambian. Ahora ya no se dice "es mi novia"; se dice "es mi prometida". Hay una promesa implícita en ese término.

Recuerdo la primera vez que me referí a Julianna como mi novia después de haberle pedido matrimonio. Me miró mal. Las cosas habían cambiado: ahora Juli tenía un anillo en su dedo. No le gustaba que yo redujera nuestra relación a una mera situación de novios.

Habíamos hecho un pacto el uno con el otro, y lo único que importaba en nuestras vidas era acercarnos a la fecha prometida de la boda. Nuestra boda era la promesa: era la meta. Y para poder acelerar el viaje hacia esa promesa, tomamos muchas decisiones e hicimos muchos sacrificios que nos acercaron cada vez más a nuestra realidad prometida.

Comenzamos a vivir y a comportarnos de manera distinta. Teníamos que ahorrar y teníamos que encontrar un apartamento. También teníamos que asistir a terapia prematrimonial y hacer ajustes en algunas relaciones (¡vivan los suegros!). Teníamos que desarrollar hábitos y trabajar duro.

Estos esfuerzos intencionales estaban motivados por dos cosas.

Primeramente, la seguridad del nuevo estado de nuestra relación. Nuestro compromiso trajo una confianza y una certeza que vigorizaron e impulsaron el proceso. Estábamos dispuestos a hacer las cosas que eran difíciles porque teníamos un "sí" previo que nos hizo saber que escucharíamos el "sí quiero" en el altar.

Lo segundo era nuestra fecha de boda prometida. La frase "nos casamos el 25 de octubre" nos daba la esperanza que necesitábamos cuando las cosas se ponían difíciles. Esa fecha hacía que viéramos todo de forma clara y nos recordaba que la etapa de compromiso era solo temporal. Finalmente llegaría el día glorioso y nos convertiríamos en uno, adentrándonos en nuevos niveles de intimidad y unidad.

Si has pasado por la etapa de estar comprometido, sabes cuán extraño puede ser ese periodo. Las personas idealizan el proceso de espera y planificación, pero no todo es comprar vestidos y probar tartas. Es mucho trabajo, por no hablar de la tremenda tensión sexual que existe cuando estás esperando hasta después de tu boda para tener sexo.

El compromiso produce entusiasmo y también frustración. He oído a muchas parejas decir: "¡Nos gustaría que llegara ya el día de nuestra boda! ¡Todo sería mucho mejor!". No es que sus vidas sean terribles, pero sienten que en cualquier momento pueden explotar por tanta espera y entusiasmo.

Cuando estamos unidos a Cristo, llenos de su nueva vida, en un sentido muy real experimentamos entusiasmo a la vez que frustración. El entusiasmo es por nuestra nueva vida prometida y los destellos que tenemos ahora de esa nueva vida. Y la frustración es porque no podemos conocerlo a Él tal como somos conocidos. Nos frustramos porque aún no hemos conocido la intimidad y la integridad sin obstáculos, y porque nuestro mundo sigue estando quebrado y hay mucho trabajo por hacer.

El tema es el siguiente: cuando realmente explores tu nueva vida en Cristo, te sentirás más completo y más satisfecho, pero a la vez estarás más lleno de expectación: un anhelo más profundo de lo que jamás hubieras podido imaginar. Y no pasa nada. Es en este anhelo que nuestras almas se expanden, creando espacio para el mayor de los amores.

MUERTE AL YO

Cuando estamos unidos a Cristo, somos liberados de la vieja vida y del falso yo. Pero de la misma manera en que una novia puede rechazar a su novio, así nosotros podemos rechazar nuestra nueva vida en Cristo. Sí, incluso después de recibir la promesa de la nueva vida, podemos escoger volver a nuestros viejos caminos. En lugar de hacer a Jesús el Señor y el amor de nuestra vida, podemos escoger adorar a nuestro primer señor y amor: el yo. Por esta razón Jesús nos decía continuamente que debíamos negarnos a nosotros mismos si queríamos seguirlo a Él y experimentar su nueva vida.

No hay otra manera: debemos sacrificar el yo si queremos encontrar la vida de resurrección. Por lo tanto, la pregunta es la siguiente: ¿cómo sacrificamos el yo?

Casi todas las principales religiones reconocen la necesidad de morir al falso yo. Lo que hace diferente al cristianismo es que nosotros encontramos un nuevo yo, no mediante nuestra propia ilustración o esfuerzo moral, sino mediante el deseo de perder nuestras vidas en Cristo, intercambiando nuestro falso yo por un Verdadero Yo transformado a su imagen y que recibe vida de su Espíritu. Pablo nos dice:

> *Con Cristo estoy juntamente crucificado, y ya no vivo yo, mas vive Cristo en mí; y lo que ahora vivo en la carne, lo vivo en la fe del Hijo de Dios, el cual me amó y se entregó a sí mismo por mí.* (Gálatas 2:20)

> *...sabiendo esto, que nuestro viejo hombre fue crucificado juntamente con él, para que el cuerpo del pecado sea destruido, a fin de que no sirvamos más al pecado. Porque el que ha muerto, ha sido justificado del pecado. Y si morimos con Cristo, creemos que también viviremos con él...*
> (Romanos 6:6-8)

El pecado, que sabemos que encuentra su fortaleza en la egolatría, es lo que nos impide disfrutar de la vida de resurrección.

Por favor, no regreses a la vieja manera de ver el pecado como el mero hecho de romper las reglas. El pecado es lo que nos roba vida porque pone en el trono de nuestras vidas algo que no es Dios y su voluntad. Cuando nosotros morimos juntamente con Cristo, fuimos liberados del poder del pecado. Sé que eso parece una declaración imposible, pero es cierto. Si no creemos que es cierto, haremos disminuir el poder de la cruz.

Cada día, cada hora y cada momento tenemos que tomar una decisión. Podemos escoger alinearnos con nuestra nueva vida prometida, abrazando la tensión que acompaña a esa esperanza, o podemos vivir en la insipidez de nuestro falso yo, persiguiendo los dioses de este mundo. Hay una razón por la que Jesús dijo que debíamos tomar nuestras cruces *diariamente* (ver Lucas 9:23). Pablo se hace eco de esta declaración en 1 Corintios 15: un capítulo acerca de la vida de resurrección.

Nuestro camino hacia la restauración en Cristo es como viajar a través de una cebolla: hay capas y más capas, y con cada capa somos más conscientes de la grandeza de nuestra libertad. Ya sea que acabemos de empezar este camino o que llevemos años recorriéndolo, el progreso requiere lo mismo: la muerte al yo. Y cuando morimos al yo, escapamos de las ataduras de la pequeñez del pecado.

Pablo deja muy claro que no disfrutaremos de nuestra nueva vida si continuamos obedeciendo los deseos de nuestro falso yo: "*¿No sabéis que si os sometéis a alguien como esclavos para obedecerle, sois esclavos de aquel a quien obedecéis, sea del pecado para muerte, o sea de la obediencia para justicia?*" (Romanos 6:16).

Pero hay una salida. Pablo continúa diciendo:

> *...así como para iniquidad presentasteis vuestros miembros para servir a la inmundicia y a la iniquidad, así ahora para*

> *santificación presentad vuestros miembros para servir a la justicia... ahora que habéis sido libertados del pecado y hechos siervos de Dios, tenéis por vuestro fruto la santificación, y como fin, la vida eterna.* (vv. 19, 22)

La santificación, que es simplemente otra manera de describir nuestra rendición al poder salvador de Cristo, es el camino hacia la restauración. Es el proceso de desentrañar y descubrir la plenitud y el asombro que se encuentran en el regalo de la salvación. Pablo deja claro que el destino de la santificación no es el elitismo religioso o el ascetismo que se cree superior. En cambio, el enfoque de la santificación es la belleza y la perfección de la vida eterna; la vida por la que siempre clamarán nuestras almas.

Y esta es la verdad: podrás experimentar tanto de esta vida ahora como estés dispuesto a tener. Dios no está intentando retener esa vida para que no la tengas; Él quiere dártela. Pero hay un precio que pagar: la rendición. Más específicamente, debes rendir el entendimiento que tienes acerca de tu identidad. No porque Dios quiera hijos estándar, nada estaría más lejos de la verdad. Debes rendir tu identidad, la vida que tienes ahora, para que tus ojos puedan ser abiertos y seas capaz de verte como Dios te ve: como su hijo que refleja su naturaleza. "*Ahora somos hijos de Dios, y aún no se ha manifestado lo que hemos de ser; pero sabemos que cuando él se manifieste, seremos semejantes a él, porque le veremos tal como él es. Y todo aquel que tiene esta esperanza en él, se purifica a sí mismo, así como él es puro*" (1 Juan 3:2-3).

¿Ves la tensión entre quien somos y quien seremos? Ahora somos sus hijos, pero el significado de esto es, en muchos sentidos, un misterio. La promesa, sin embargo, es que podemos acercarnos más y más a ese misterio y convertirnos más y más en lo que ya somos.

Llegará el día en que veremos a Jesús tal cual es, y no habrá sudario que pueda esconder su belleza. En ese momento, lo conoceremos como Él nos conoce a nosotros, pero no tenemos por qué ser pasivos en nuestra esperanza o sosos mientras esperamos. Como el Espíritu de Dios vive en nosotros (*"ahora somos hijos de Dios"*), podemos perseguir activamente esta esperanza, e incluso ahora, por medio de su Espíritu, podemos ver suficientes destellos de su gloria como para conmover nuestro mundo.

Hoy, ahora mismo, somos su descendencia: su simiente y su Espíritu están en nosotros. Y como tenemos esta nueva naturaleza, podemos conocer los caminos de nuestro Padre: paz, gozo, amor, rectitud, justicia, y más. Pero no podemos llegar a conocer esta realidad de la nueva creación si nos negamos a rechazar el pecado, el egoísmo y la pequeñez características de nuestro falso yo.

LA LIBERTAD DE LA GRACIA

En una de sus cartas a Timoteo, Pablo describe lo que nos pasa cuando rechazamos nuestra nueva naturaleza en Cristo. Nos ofrece una lista de síntomas que aumentarán a medida que pase el tiempo y esta era llegue a su fin. Recordemos que esta lista no se refiere a personas que están "perdidas". Más bien, Pablo está describiendo explícitamente a cristianos que niegan el poder de Dios para redimir y regenerar sus vidas en el presente.

> *Porque habrá hombres amadores de sí mismos, avaros, vanagloriosos, soberbios, blasfemos, desobedientes a los padres, ingratos, impíos, sin afecto natural, implacables, calumniadores, intemperantes, crueles, aborrecedores de lo bueno, traidores, impetuosos, infatuados, amadores de los deleites más que de Dios, que tendrán apariencia de piedad,*

> *pero negarán la eficacia de ella; a éstos evita.*
>
> (2 Timoteo 3:2-5)

Fíjate en que el primer síntoma es *amadores de sí mismos*. Estos "cristianos" se aferrarán a su falso yo y dirán que son hijos de Dios, pero negarán el poder de la gracia para transformar sus vidas. Puede que digan cosas que sean ciertas, pero sus acciones revelarán quién es el verdadero señor de sus vidas: el yo.

Pedro y Judas describen a estas personas como aquellos que pervierten la gracia en pos de su propio beneficio (ver 2 Pedro 3:14-18; Judas 1:4).

La gracia nunca incentiva o perpetúa nuestra humanidad falsa y pecaminosa. La gracia es el poder divino radical que nos hace libres del castigo y el poder del pecado, permitiéndonos conocer nuestra nueva vida en Cristo. Una comprensión incorrecta de la gracia es una de las principales razones por las que no obtenemos el poder para dejar ir al falso yo. "La gracia de Dios [*charis*] incluye favor y potencia sobrenatural, y su propósito es hacernos cautivadores y hermosos. En el griego clásico tenía la connotación de la actitud de favor que vemos en la realeza".[3]

Debemos dejar de abaratar la gracia, usándola como una mera tapadera para nuestros pecados. La gracia barata es perdón y comodidad de mala calidad; es una gracia sin precio. Dietrich Bonhoeffer, el pastor alemán que opuso resistencia al régimen nazi, escribió:

> El evangelio es gracia costosa… Es costosa porque llama al discipulado; y es gracia porque nos llama a seguir a Jesucristo. Es costosa, porque a algunas personas les cuesta la vida; y es gracia porque le devuelve a la gente sus vidas. Es costosa, porque condena el pecado; y es gracia porque justifica al pecador.[4]

NO ES SOLO PARA NOSOTROS

En última instancia, la vida de resurrección trata de libertad. Libertad de cualquier cosa que nos destruye, como los miedos y el orgullo que alimentan el pecado y reafirman nuestra falsa humanidad. Y también libertad para convertirnos en hijos de Dios, reflejando su santidad y su justicia a nuestro mundo.

Nuestra nueva vida no se trata solo de nosotros. Sí, se mueve en nosotros y a través de nosotros, transformándonos, pero no se detiene ahí. Fuimos recreados en Cristo para ser un conducto de su vida y que otros puedan seguirnos a los brazos del Padre. Cuando más vivos estamos es cuando estamos canalizando la gracia, el amor y la santidad de Dios.

Pero los santos de Dios no deben ser simples espectáculos: pseudodioses a los que las formas de vida inferiores adoran. A los primeros discípulos se les confundió con dioses, y no había nada que les molestara más. Fíjate en cómo respondieron Bernabé y Pablo cuando los llamaron Zeus y Hermes:

> *Cuando los apóstoles Bernabé y Pablo oyeron lo que pasaba, horrorizados se rasgaron la ropa y salieron corriendo entre la gente, mientras gritaban: «Amigos, ¿por qué hacen esto? ¡Nosotros somos simples seres humanos, tal como ustedes! Hemos venido a traerles la Buena Noticia de que deben apartarse de estas cosas inútiles y volverse al Dios viviente, quien hizo el cielo y la tierra, el mar y todo lo que hay en ellos.* (Hechos 14:14-15, NTV)

Sin embargo, a medida que nuestra nueva vida, y todo lo que viene con ella, revelan la única manera de ser verdaderamente humanos, esto debería hacer que las personas nos miren con asombro. Después de todo, deberíamos reflejar la gloria de

Dios. La gloria no es nuestra, pero a medida que crecemos en Cristo deberíamos reflejar quién es Dios cada vez más.

Dios no aborrece nuestra humanidad; la ama. Él se hizo hombre para que pudiéramos pasar la eternidad siguiendo los pasos del hombre perfecto. Por medio del Espíritu de Cristo en nosotros podemos comenzar a dar esos pasos ahora e invitar a otros a unirse al viaje.

No comenzamos a vivir hasta que descubrimos algo por lo que vale la pena morir. Jesús tomó su cruz por el bien del mundo. ¿Estás tú dispuesto a morir a ti mismo por el bien de tu mundo?

Como vimos en el último capítulo, la muerte al yo no se traduce en perfección instantánea. Es un camino diario, y cada día ofrece una mayor revelación de la plenitud a la que Dios nos está llevando. Pero debemos comenzar en algún lugar, avanzando paso a paso.

MÁS ALLÁ DE TI

Pedro nos ofrece un buen ejemplo que podemos seguir. Hacemos chistes de que él se hundió cuando vinieron las olas, pero por lo menos él estaba fuera de la barca (ver Mateo 14:28-31). A medida que te adentras en tu nueva vida, cometerás errores y no darás en el blanco. Permite que la audacia y el fracaso de Pedro te llenen de valentía. No permitas que el temor te impida adentrarte en las aguas de la nueva creación.

Todos sabemos que Pedro comenzó a hundirse porque dudó; pero ¿por qué dudó? ¿Acaso no había visto a Jesús hacer cosas milagrosas? Yo no creo que Pedro dudara del poder de Jesús. Anteriormente ese mismo día había visto cómo Jesús alimentaba a miles de personas solamente con unos cuantos peces y unos panes. No, Pedro no dudó de Jesús o de su poder, pero sí dudó de sí mismo. Dudó de si él era digno de recibir aquel poder, y se enfocó en sí mismo en lugar de enfocarse en Dios.

Lo cierto es que la nueva vida que ahora tienes no viene de ti, y por eso no debes hacer que se trate de ti. Francamente, es que simplemente te dejes a ti mismo de lado para poder encontrarte a ti mismo en Cristo. Pero no es fácil dejarse a un lado a uno mismo. Por esa razón, lo más difícil de dejar a los pies de la cruz, es nuestra opinión sobre nosotros mismos.

En la Escritura vemos que Pedro pasó por un proceso bastante notorio para dejarse a un lado a sí mismo. Por ejemplo, la vergüenza de que lo llamaran Satanás (ver Mateo 16:23), hacer el ridículo en el monte de la transfiguración (ver Lucas 9:33), negar a Jesús tres veces (ver Juan 18:15-27), la reprimenda de Pablo en cuanto a su hipocresía (ver Gálatas 2:11-14), y la dolorosa conversación con Jesús (ver Juan 21:15-22). Pero finalmente, nos encontramos con un Pedro tan libre de la tiranía del yo que se ofrece a ser crucificado boca abajo, simplemente porque no quería el honor que suponía morir de la misma manera que su Salvador.

Si Dios usó a este hombre imperfecto para edificar su iglesia, ¿por qué no iba a usarnos a nosotros para revelar las maravillas de nuestra nueva vida en Cristo?

Sí, a veces cacarearás como una gallina (Pedro, sin duda, lo hizo), pero eso no te convierte en una gallina. Cuando comiences a actuar como una gallina, recuérdate a ti mismo la visión de Cristo para ti, y por el Espíritu de gracia, comienza a batir tus alas y vuela hacia los cielos de la vida más elevada.

EL INTERMEDIO

Desde un punto de vista anatómico y bioquímico, seguimos estando quebrantados de muchas maneras diferentes. Nuestros cuerpos y sus sistemas están sujetos a la decadencia, y cada día nos acercamos más a nuestra muerte física. Es inútil negar las dificultades que conlleva estar quebrados, pero hay buenas noticias: Dios puede hacer milagros, y los hace. Cuando Pablo escribe en Romanos 8:11 que *"el Espíritu… que levantó de los muertos a Jesús mora en vosotros, el que levantó de los muertos a Cristo Jesús vivificará también vuestros cuerpos mortales por su Espíritu que mora en vosotros"*, está haciendo alusión a un estado de ser presente y futuro. A pesar de que no tenemos nuestros cuerpos de resurrección ahora mismo, podemos experimentar la vida de resurrección por el poder del Espíritu de Dios, el mismo Espíritu que dará vida a nuestros cuerpos resucitados e inmortales.

"Una de nuestras mayores aflicciones", escribe A. W. Tozer, "es la constante guerra entre la eternidad que hay en nuestros corazones y el tiempo que hay en nuestros cuerpos".[5] Es fácil para nosotros ver nuestro propio progreso, o la falta de él, y pensar: *Por qué me iba a molestar; de ninguna manera podré convertirme en un santo.* Pero esta es la verdad: con cada acto de rendición obediente, te vas volviendo cada vez más sano y restaurado.

Es normal que experimentemos varios niveles de decepción a medida que enfrentamos las partes más básicas de nuestra humanidad. La mayoría de nosotros utilizaremos la distracción, o el placer, o el trabajo para mantener ocultas esas partes de nosotros. Pero el crecimiento real nos invita a confrontar las profundidades de nuestro quebrantamiento a través del poder de la humildad y la gracia. Con cada paso de humildad, derribamos nuestro falso yo y creamos espacio para el poder transformador de la gracia.

Puede que creas que eres incapaz de alcanzar ese crecimiento, esa nueva vida asombrosa, pero el crecimiento es el resultado de la obediencia; y el mayor acto de obediencia es creer y recibir lo que Dios dice de nosotros en su Palabra. Antes de poder vivir la vida cristiana, debemos creer que hemos sido empoderados para ser santos. Por lo tanto, da el siguiente paso de obediencia por pequeño que sea, y al hacerlo encontrarás una capacidad mayor para obedecer. La capacidad para obedecer siempre es consecuencia de la obediencia. Puede parecer absurdo, pero es la forma en que Dios obra. Pruébalo y verás.

EL CAMINO A CASA

> El Espíritu tiene la intención de investigar toda la historia de nuestra vida, capa por capa, sacando la basura y preservando los valores propios de cada etapa de nuestro desarrollo humano... Con el tiempo, el Espíritu comienza a profundizar en los cimientos de nuestra primitiva vida emocional... De ahí que, a medida que avanzamos hacia el centro donde Dios nos está esperando, naturalmente sentiremos que estamos empeorando. Esto nos avisa de que el caminar espiritual no es una historia de éxito o una jugada profesional. En realidad, es una serie de humillaciones del falso yo.[6]

Esta "serie de humillaciones" no es divertida, pero es el camino de la gracia. Es el camino hacia nuestra nueva vida en Cristo.

Tu obediencia y rendición crean las condiciones adecuadas para que salga a relucir tu nueva vida. La plenitud ya es tuya, a pesar de las cosas que tal vez no veas. Jesús fue quebrantado para que nosotros podamos ser hechos nuevos, y gracias a esto no debemos temer el permitirle a su Espíritu que derribe nuestros muros y revele nuestro Verdadero Yo.

Nuestra nueva vida en Cristo es el tesoro escondido en el campo por el que vale la pena vender todo para comprarlo (ver Mateo 13:44); es la identidad revitalizada por el reino eterno de Dios. La pregunta es: ¿dejaremos ir todo para tener lo único que vale la pena tener? Cuando nos rendimos, creamos las condiciones adecuadas para que la semilla en nuestro interior brote y se convierta en algo nuevo.

> *El reino de los cielos es semejante al grano de mostaza, que un hombre tomó y sembró en su campo; el cual a la verdad es la más pequeña de todas las semillas; pero cuando ha crecido, es la mayor de las hortalizas, y se hace árbol, de tal manera que vienen las aves del cielo y hacen nidos en sus ramas.* (Mateo 13:31-32)

Cuando Jesús habla acerca de la fe y el grano de mostaza, está describiendo lo que parece un cambio imposible. ¿Cómo podría una pequeña semilla convertirse en un árbol tan grande, un árbol que da refugio y apoyo económico a otros? Pero este es el poder de la realidad del reino de Dios. Aunque inicialmente parezca poca cosa en nuestras vidas, crecerá para ser algo precioso, espacioso y práctico.

A través de la fe, el viejo yo, esa montaña gigante que ha sido construida sobre años de etiquetas, creencias restrictivas y mentiras, puede ser echado al mar. El Verdadero Yo, la realidad de nuestra nueva creación en Cristo que ahora puede parecer tan pequeña como un grano de mostaza superará lo viejo y revelará lo nuevo.

Da un paso hacia la rendición y observa cómo aparece la gracia de Dios. Repentinamente, descubrirás que ahora puedes perdonar a aquellos a los que te parecía imposible amar. Tendrás gozo que podrás compartir con quienes estén desanimados, y serás libre de las etiquetas que la sociedad tanto adora. Junto con Pablo, declararás: "*Ya no hay judío ni griego; no hay esclavo ni libre; no hay varón ni mujer; porque todos vosotros sois uno en Cristo Jesús*" (Gálatas 3:28).

Estarás seguro de ti mismo en medio de un mundo de personas sin identidad. Pero primero debes encontrar tu Verdadero Yo a través de la obediente rendición: debes tomar tu cruz.

En muchos sentidos, este proceso de transformación es como caminar hacia una montaña enorme en la distancia. Dependiendo del terreno, habrá momentos en los que parece que la montaña se aleja cada vez más. Cuando esto ocurre, es tentador convencernos a nosotros mismos de que estamos caminando marcha atrás, alejándonos de nuestro Verdadero Yo prometido. Pero ese no es el caso. Con cada paso, nos acercamos más, a pesar de lo que nuestros ojos puedan decirnos. La buena vida es esa montaña. Su belleza y grandeza nos llaman. La montaña nos recuerda que la llanura no es lo único que existe, y que *sí* hay un lugar que llega hasta los cielos. Aunque pueda parecer lejano, sabemos que es nuestro hogar.

GLORIA

El misterio que había estado oculto desde los siglos y edades, pero que ahora ha sido manifestado a sus santos, a quienes Dios quiso dar a conocer las riquezas de la gloria de este misterio entre los gentiles; que es Cristo en vosotros, la esperanza de gloria...
—Colosenses 1:26-27

Fuimos creados para la gloria. Por eso nos esforzamos y trabajamos duro, buscando ese algo más. Es la razón por la que buscamos activamente la buena vida, y por lo que añadimos capa sobre capa al falso yo. Hay un cráter en nuestro ser, una huella que dejó el aliento de Dios. Su grandeza nos aterra, así que hacemos todo lo posible por llenar ese hueco; pero ese hueco no lo pueden llenar los dioses de este mundo y sus recompensas de esplendor. Este espacio debe ser ocupado por su Creador. Solamente la gloria de Dios puede llenar nuestras almas.

Fuimos creados para la gloria.

Pero ¿cómo es esta gloria? ¿Qué se siente al experimentarla? ¿Es una versión nueva y mejorada de la gloria del mundo, una fusión llamativa de fama, poder y grandeza? ¿O es algo *distinto* a lo que hemos visto?

En Marcos 10 vemos a dos hermanos que querían un poco de gloria. Jacobo y Juan, los hijos del trueno. Los que mueven los hilos y conmueven el mundo. Eran miembros del círculo más íntimo de Jesús, y habían visto y participado en lo milagroso. Ellos pueden sentir que la balanza del poder se inclina hacia ellos a medida que más y más gente sigue a Jesús. Las calles están llenas de agitación y susurros de que ha llegado un mesías: un hombre que derrotará el reino de César y establecerá el suyo propio.

Estos hermanos se dan cuenta de que el inminente cambio de poder ofrecerá nuevas oportunidades; específicamente puestos importantes de autoridad. Y con la autoridad llega también la gloria. Ellos quieren una parte de esta gloria nueva y deciden actuar rápidamente. Intentando no alertar al resto de discípulos, llaman secretamente a Jesús para asegurar sus posiciones prominentes. Su petición tiene implicaciones importantes, y como la fortuna sonríe únicamente a los valientes, no se callan, esperando que su audaz iniciativa los recompense con una respuesta favorable: "*Maestro, querríamos que nos hagas lo que pidiéremos*" (v. 35).

Qué valor. Intentan intimidar al Hijo de Dios para que les dé un cheque en blanco. "Confía en nosotros, te conviene ser parte de esta iniciativa". Realmente son los hijos del trueno. Tal vez Jesús debería concederles lo que sea que pidan; después de todo, a Él parece gustarle la valentía.

Veamos la respuesta de Jesús: "*¿Qué queréis que os haga?*" (v. 36).

Notemos que Jesús no les da carta blanca, sino que ve a través de las bombas de humo que están intentando lanzar. Por supuesto que no les dará lo que quieran, pero escuchará su petición. Con entusiasmo y un poco de atrevimiento, Jacobo y Juan responden: "*Concédenos que* ***en tu gloria*** *nos sentemos el uno a tu derecha, y el otro a tu izquierda*" (v. 37, énfasis añadido).

Debemos reconocer que por lo menos son sinceros. Quieren la gloria y todo lo que viene con ella, y se lanzan al ruedo como si no hubiera un mañana. El problema es que sus formas son sospechosas. Están buscando la gloria en el lugar equivocado, así que Jesús responde: "*No sabéis lo que pedís*" (v. 38). En otras palabras, Jacobo y Juan no tenían idea de nada sobre su gloria. Jesús continúa diciendo: "*el sentaros a mi derecha y a mi izquierda, no es mío darlo, sino a aquellos para quienes está preparado*" (v. 40).

¡Ay! Los hijos del trueno son rechazados, y para colmo de males, los otros discípulos se enteran de su plan y se lo echan en cara. Pedro y Andrés rápidamente preparan su contraataque; todos están indignados. ¡Cómo se atreven Jacobo y Juan a hacer algo así! Pero realmente todos están molestos porque no se les ocurrió a ellos primero. Después de todo, Jesús tiene solamente una izquierda y una derecha (dos lugares de gloria suprema), pero hay doce discípulos. Las cuentas no salen. Algunos están recibiendo un trato injusto.

Avancemos cinco capítulos hasta Marcos 15:25-27: "*Era la hora tercera cuando le crucificaron. Y el título escrito de su causa era: EL REY DE LOS JUDÍOS. Crucificaron también con él a* *dos ladrones, **uno a su derecha, y el otro a su izquierda**"* (énfasis añadido).

Aquí vemos el grandioso anuncio público del reino de Jesús. Por fin, el reino de este mundo (Roma) se pone del lado de la verdad. El Rey de los judíos es levantado en alto a la vista de todos. Y en este momento de gloria grotesca, vemos que hay dos ladrones a ambos lados de Jesús, "*uno a su derecha, y el otro a su izquierda*". Ahora está claro que estos criminales rechazados por la sociedad son a los que se refería Jesús en Marcos 10. Ellos son los que tienen el privilegio de estar a su lado en este momento triunfal; ellos son "*aquellos para quienes está preparado*". Es dolorosamente obvio para nosotros, pero no aún para sus discípulos, que la crucifixión de Jesús es el momento en el que Él está "*en su gloria*".[1]

Estoy seguro de que Jacobo y Juan estaban pensando en otro tipo de gloria. Ellos habían presenciado la gloria de Roma, la gloria del templo. Esperaban una gloria parecida a la que habían conocido. Obviamente, algo mayor de lo que habían visto, pero al mismo tiempo similar; algo con lo que estuvieran familiarizados. Una gloria normal perfeccionada, por decirlo de alguna manera. Pero la gloria de Dios no funciona así. Es una majestuosa presentación física de su santidad que es visible para el ojo humano.[2] En otras palabras, donde hay una presentación física de su gloria, podemos ver un destello de su santidad (o lo que le hace radicalmente diferente). Podemos ver un destello de lo divino: la belleza de su majestad.

La muerte de Jesús no encaja en nuestro paradigma de gloria. Hay una corona, pero sus joyas son espinas. Hay una bandera de autoridad, pero sus palabras son una burla. Hay un manto, pero su propósito es avergonzar.

Nada de esto parece correcto. ¿Cómo puede ser este un momento de gloria?

Lo que hace que la cruz sea tan radical es su habilidad para redefinir lo que significa existir y darle un nuevo significado a la buena vida. La cruz preparó el camino para una nueva manera de vivir: un nuevo tipo de gloria. La gloria para la que fuimos creados. Una gloria que solo se encuentra en el acto grandioso de perder la propia vida. Jesús les había dejado esto claro (y a nosotros) después de que Jacobo y Juan pidieran sentarse en los lugares de honor, pero no fueron capaces de entender la respuesta. Volvamos a Marcos 10:

> *Sabéis que los que son tenidos por gobernantes... se enseñorean de ellas... Pero no será así entre vosotros... el que de vosotros quiera ser el primero, será siervo de todos. Porque el Hijo del Hombre no vino para ser servido, sino para servir, y para dar su vida en rescate por muchos.* (vv. 42-45)

La versión de Juan de este mismo relato también señala ese momento de gloria:

> *Ha llegado la hora para que el Hijo del Hombre sea* ***glorificado****. De cierto, de cierto os digo, que, si el grano de trigo no cae en la tierra y muere, queda solo; pero si muere, lleva mucho fruto. El que ama su vida, la perderá... Mas para esto he llegado a esta hora. Padre,* ***glorifica*** *tu nombre.*
> (Juan 12:23-25, 27-28, énfasis añadido)

¿Acaso hay dudas acerca de la hora a la que se refería Jesús? Esta hora de gloria es su crucifixión. Es el momento en el que

Jesús glorifica el nombre de su Padre, revelando una gloria nueva y eterna. "No hay personas en el cielo que lleven corona y que aquí abajo no lleven su cruz".[3]

Me encanta la idea que menciona Jesús del grano de trigo (Él) que cae en tierra. Jesús era y es el Hijo unigénito de Dios. Y debido a que murió gloriosamente y cayó en tierra, nosotros, a través de la nueva vida en su Espíritu, podemos convertirnos en partícipes de su gloria, reflejando su imagen para que "*él sea el primogénito entre muchos*" (Romanos 8:29). Toda la creación ha estado esperando esta redención: esta restauración de nuestro mandato de Génesis de ser sabios administradores de la creación de Dios.

Jacobo y Juan querían reconocimiento e importancia porque querían estatus, pero no es así como funcionan las cosas en el reino. Desde el principio de los tiempos, Dios ha usado su importancia para servirnos a nosotros, hasta el punto de la muerte en la cruz.

La vida de Jesús no fue gloriosa en el sentido convencional. Ni siquiera sabía dónde reposaría su cabeza en la noche (ver Lucas 9:58). Jesús parecía viajar sin rumbo de una región a otra respondiendo caprichosamente a las necesidades a su alrededor. Era un hombre "sin educación formal" y de una región de la que no salía nunca nada bueno. Sí, hubo señales y maravillas: milagros que acapararon algunas miradas, pero los que eran inteligentes podían racionalizarlos desechándolos como fraudulentos o como la obra de los demonios.

Si Jesús hubiera buscado un tipo de gloria más convencional, habría tenido más sentido nacer en la familia de César, convirtiéndose en heredero del mayor reino de la tierra. Eso le hubiera dado acceso ilimitado a los mejores poetas, arquitectos, artistas, estudiosos, filósofos, gobernantes y generales de su tiempo. Su influencia no habría tenido precedente, y con tanto estatus podría haber ordenado y provocado el cambio a través del imperio más conectado de la historia. Pero no fue eso lo que hizo.

La meta de Jesús no era crear un imperio para sí mismo. Él siempre se ha enfocado en el reino; un nuevo tipo de reino. Un reino de reyes y sacerdotes. Él es el Rey de reyes y el Sumo Sacerdote. Nosotros somos los reyes y reinas que le hacen a Él Rey de reyes. Somos los sacerdotes que sirven bajo el liderazgo del Sumo Sacerdote (Él no necesitaría el calificativo *sumo* si fuera el único sacerdote). Lo que quiero decir es que Jesús es el mayor gobernante porque Él multiplica su gloria, y esta gloria multiplicada fue hecha posible por lo impensable: el Rey del mundo, el Autor de la vida, rendido ante la muerte. Él aceptó la gloria grotesca para que nosotros pudiéramos convertirnos en reyes y reinas: santos que pueden participar de su gloria recibiendo el aliento de su nueva vida.

Jesús no podía venir a la tierra como César porque Él estaba creando una nueva clase de reino, un nuevo tipo de reinado. César se enseñoreaba de su gloria y la exhibía, viviendo apartado de su pueblo. Pero Jesús, a través de su sufrimiento y de entregarse a sí mismo, nos muestra que Él está realmente rendido por completo, y que cada pequeño detalle le importa. Ninguna persona ni ningún gorrión se escapa de su compasión. Su Espíritu está sobre toda la creación, trabajando en nosotros y preparándonos para la gloria eterna.

Por esa razón la gloria no se encuentra solamente en los lugares altos; también está en el día a día, en lo que parece trivial o insignificante. De nuevo, observemos la vida de Jesús. Él era un artesano, y podían confundirlo fácilmente con un nómada sin hogar. El punto es que vivió una vida normal. Pilato y Herodes estaban en sus palacios, pero Jesús dormía en los campos porque la vida sucede en los campos. Las cosechas crecen en el polvo. Del polvo venimos y al polvo volveremos. La agricultura era la industria de su tiempo, así que Jesús fue al lugar del que la mayoría de las personas se alimentaban (literalmente).

En muchos sentidos, la vida de Jesús fue bastante ordinaria. Disfrutaba de la comida, hacía comentarios ocurrentes, construía mesas, jugaba con los niños, lloraba cuando sus amigos morían, y pagaba sus impuestos. Durante treinta años vivió en el anonimato, y después de tan solo unos años de "ministerio", fue sentenciado a morir fuera de la ciudad de la paz.

Abandonado para morir en la cruz.

LA VERGÜENZA REDEFINIDA

La cruz era un arma de vergüenza; la antítesis de la gloria. Roma era el imperio más glorioso del mundo: la personificación del progreso y la cultura. Con tanta grandeza que sostener, debía humillar y erradicar a cualquiera que pudiera poner en peligro su gloria; por lo tanto, los romanos usaban la cruz, la mayor herramienta de vergüenza y muerte, para preservar el esplendor de Roma. La cruz se convirtió rápidamente en un espectáculo público, un recordatorio de quién estaba al mando. Su mensaje era muy claro: no te metas con Roma.

Pero Jesús cambió el guión. Ahora, unos cuantos milenios después, la cruz se usa como símbolo de vida, propósito y significado. En la cruz descubrimos la paradoja de vida en la muerte, ganancia en el sacrificio, y gloria en la vergüenza. Jesús desenmascaró al mayor imperio, mostrando su futilidad y su frivolidad. En el Gólgota, el reino del cielo debilitó al gran César, dejando perpleja a Roma: "*Verdaderamente este era Hijo de Dios*" (Mateo 27:54).

¿Por qué ocurrió eso? ¿Fue solo por los milagros? No lo creo. Ha habido muchos que han hecho milagros a lo largo de los años. ¿Fueron las enseñanzas? Porque también ha habido muchos grandes maestros.

Jesús dejó estupefacto a su mundo porque Él era en plenitud lo que otros eran en parte. Y lo que realmente le pone la guinda al pastel, por así decirlo, lo que le hace estar tan completo, era (y es) la gloria de su amor auto sacrificial. Él fue un ejemplo del amor y la gloria que caracterizarán la ira venidera: el prometido cielo en la tierra. Ese día desaprenderemos los caminos de la guerra y convertiremos nuestras armas en herramientas para servir. Ese día, el cordero y el león se tumbarán uno al lado del otro. Qué gran gloria hallaremos cuando recibamos las palabras de Jesús: "*Amarás al Señor tu Dios con todo tu corazón, y con toda tu alma, y con toda tu mente. Este es el primero y grande mandamiento. Y el segundo es semejante: Amarás a tu prójimo como a ti mismo. De estos dos mandamientos depende toda la ley y los profetas*" (Mateo 22:37-40).

La ley y los profetas nos fueron dados para que pudiéramos encontrar la vida. Siempre fueron señales que apuntaban a algo mayor; de eso se trataba el monte de la transfiguración. Por un momento, Moisés (la ley), Elías (el profeta) y Jesús (el Mesías) compartieron espacio en el monte. Pero entonces una voz del cielo distinguió a Jesús de los demás, y repentinamente la ley y los profetas desaparecieron. Solamente quedó el Mesías (ver Lucas 9:35-36). En Él encontramos la gloria peculiar y sobrenatural a la que siempre apuntaron la ley y los profetas.

Sé que puede parecer un cliché, una gloria que se halla en el amor y la abnegación, pero ¿no es eso lo que anhelamos? Nos conmueven profundamente las historias de altruismo. ¿Cuándo fue la última vez que escuchaste a un público gritar de alegría por un despliegue brillante de gloria egoísta? Eso no ocurre porque sí. Hay algo en nuestro interior que armoniza con la singularidad de Dios cuando escuchamos y sentimos el llamado a rendir nuestras vidas.

El reto es que hemos sido condicionados a "luchar por lo nuestro", a arrebatar, y no que tomen de nosotros. Lo que pasa es que, sin importar lo que hagamos, siempre habrá alguien que pueda aprovecharse de nosotros, y lo hará. No podemos hacérselo pagar a todo el mundo; ser el más grande y el más malo no es una garantía de seguridad. Eso nos aísla y es agotador. La gloria no se halla en ser el mayor; es el resultado de ser el menor, el sirviente de todos. No hay gloria sin sacrificio. La vieja idea de "mira cuán alto y grande puedo construirlo" ya debería haber evolucionado.

Sí, fuimos creados para la gloria, y por eso nos esforzamos por obtener significado e importancia. Y eso no es malo; Dios quiere que resaltemos de entre la multitud. Pero no podremos resaltar si nos hacemos como el mundo, persiguiendo su idea de lo que es la gloria; eso es lo que hacen todos los demás. Una vida así es tosca y patética.

Independientemente del lugar donde vivamos, la cultura en la que nos criamos, o la clase socioeconómica a la que pertenezcamos, todos tenemos la oportunidad de llegar a encontrar la gloria rindiendo nuestras vidas. Cada día, cada hora y cada minuto están impregnados de gloria, pero primero debemos dejarnos a nosotros mismos a un lado junto con nuestras ilusiones de majestuosidad despersonalizada y ver el mundo que nos rodea como realmente es. El mundo tal cual es hoy.

Tus vecinos, compañeros de clase, compañeros de trabajo, amigos y familiares te han sido confiados. El resplandor de sus vidas es un reflejo de tu luz, y no digo esto para condenar tu distracción, indiferencia o falta de acción. Lo digo para inspirarte. Dios te ha posicionado para que participes de su gloria porque ese es tu destino. Cualquier otra búsqueda, al final, te hará sentir frustrado y desilusionado.

Sé que esta verdad es dura. Muchos de nosotros vivimos mucha vida antes de aprender a vivir. Ante el rostro de la muerte, encontramos la claridad. Probablemente hayas comprobado que esto es cierto en los ojos de un ser querido que se está muriendo. Alguien que quizá deseaba haber tenido más tiempo. Alguien que deseaba haber vivido de manera diferente. Los recuerdos de los riesgos que no corrimos y las relaciones rotas adoptan nuevas formas. Hay un tipo de lucidez que llega solamente con la muerte, y por eso Dios nos invita a morir ahora. Morir a la ambición egoísta. Morir a vivir sin propósito. Morir a los patrones de pensamiento que nos limitan. Morir al poder del pecado. ¿Por qué? Para que podamos saber lo que significa estar verdaderamente vivos y participar de los misterios de la vida: esa buena vida que todos anhelamos.

En Cristo, la muerte no es un ladrón del futuro; es un regalo del presente.

GRACIA Y GLORIA

Cristo murió envuelto en gloria para que nosotros pudiéramos vivir envueltos en gloria; ese es el mensaje de la cruz. El clamor de Jesús: "*¡Consumado es!*" es el anuncio de una nueva manera gloriosa de ser humanos. El amor, la vida y la muerte fueron redefinidos en la cruz. La mayordomía, el propósito y la identidad obtuvieron un nuevo significado, y un gran misterio se reveló ante nuestros ojos. Las compuertas de la gracia se abrieron de par en par, regando la semilla de nuestra nueva vida en Cristo.

La gloria es nuestra herencia. Es la expresión de la singularidad y diferencia de Dios, vivificada en nuestro interior por el poder de su Espíritu. Pero no podremos adentrarnos en esta gloria si nos negamos a madurar en nuestro entendimiento de la gracia. Estos santos lo dijeron bien:

> La gracia es la gloria que acaba de comenzar, y la gloria es la gracia que ha sido perfeccionada.
>
> Jonathan Edwards[4]

> La gracia no es otra cosa que un inicio de la gloria en nosotros.
>
> Tomás de Aquino[5]

La gracia conduce a la gloria porque tiene el poder de matar al falso yo. La belleza de la gracia es que revela quiénes somos realmente, eliminando lo que no somos. Y por la gracia, y a través de ella, encontramos nuestra identidad: completa, auténtica, perfecta y gloriosa. Y esta gloria no es simplemente metafísica, sin ningún tipo de implicación en el aquí y ahora. El propósito de la gracia requiere que invada nuestras vidas muy reales, que se entremezcle con esta dimensión del tiempo, el espacio y la materia. Opera tanto en lo actual como en lo profético, fusionando el mundo de lo que es y el mundo de lo que será. Al hacerlo, la gracia nos lleva a los brazos de nuestro Verdadero Yo, el yo que siempre hemos sabido que fuimos creados para ser, pero que nunca pudimos encontrar por nosotros mismos.

Lo que la gracia ofrece no podemos encontrarlo en ningún otro lugar. Nos lleva más allá del alcance de la autoayuda, y de hecho se mofa de la autoayuda poniendo en evidencia que Dios no está interesado simplemente en hacer de nosotros una versión un tanto mejorada de nosotros mismos. La gracia es para la gloria: la gloria de la santidad de nuestro Rey.

"Porque el Hijo del Hombre no vino para ser servido, sino para servir, y para dar su vida en rescate por muchos" (Marcos 10:45). Esta es la gloria de Jesús; la muerte que solo Él podía dar. Gracias a su muerte y nueva vida podemos participar del misterio de la cruz; podemos encontrar y conocer la gloria perdiendo nuestras propias vidas.

Me encanta cómo el autor de Hebreos entreteje los temas de la gloria y la gracia:

> *Pero vemos a aquel que fue hecho un poco menor que los ángeles, a Jesús, coronado de gloria y de honra, a causa del padecimiento de la muerte, para que por la gracia de Dios gustase la muerte por todos. Porque convenía a aquel por cuya causa son todas las cosas, y por quien todas las cosas subsisten, que, habiendo de llevar muchos hijos a la gloria, perfeccionase por aflicciones al autor de la salvación de ellos. Porque el que santifica y los que son santificados, de uno son todos; por lo cual no se avergüenza de llamarlos hermanos* [y hermanas]. (2:9-11)

La gracia de Dios fue lo que llevó a Jesús a su muerte: el momento en el que fue coronado de "gloria y honor". Fue la gracia lo que lo sostuvo mientras brotaba sangre de sus poros y caía sobre la hierba en Getsemaní. Fue la gracia la que cuidó de las heridas que recibió a causa de los latigazos. Fue la gracia la que hizo agujeros en sus manos para que nosotros pudiéramos llegar a ser santos. Fue por gracia que Él gustó la muerte por todos. Y ahora es por gracia que podemos seguir sus pasos y morir a nuestro yo, convirtiéndonos en hijos e hijas de gloria.

Que nunca superemos esta gracia sublime. Es la esperanza de nuestro presente y de nuestro futuro, fundiendo lo que es y lo que será. Es el aliento de Dios, que abre nuestros pulmones para poder llenarlos del aire de la nueva creación. Por gracia, podemos levantar nuestros ojos y despertar a un nuevo día.

Fuimos creados para la gloria.

La gloria es la melodía y el ritmo de la canción de nuestra vida. Nuestros corazones, junto con el salmista, claman: "*Despierta, alma mía; despierta, salterio y arpa; me levantaré de mañana*" (Salmos 57:8). Vivimos en el amanecer de la humanidad y a la sombra de la nueva vida de Jesús. Su gracia se ha convertido en nuestra gloria, y su resurrección en nuestra nueva vida. Y esta nueva vida está llena de propósito: un propósito mucho mayor que la pequeñez del egoísmo. Un propósito que fortalece cada relación, vocación, escuela, iglesia o ciudad, sin importar cuán grande o pequeña sea, con gloria eterna. Que podamos abrir nuestros ojos a la realidad del día final y que podamos convertirnos en personas que practican y participan del misterio del reino soberano de Dios. Que podamos convertirnos en santos: personas de la singularidad y diferencia de Dios, hijos de su gloria.

El autor de Hebreos nos ruega que no perdamos de vista nuestra esperanza, la promesa de una nueva vida en Cristo: "*pero Cristo como hijo sobre su casa, la cual casa somos nosotros, si retenemos firme hasta el fin la confianza y el gloriarnos en la esperanza*"

(3:6). En este versículo encontramos algo excéntrico y controvertido: nosotros somos su casa, la evidencia de su genialidad. Nosotros somos visibles y Él es invisible. Pero no lo malinterpretes: la genialidad de una casa es el reflejo de su constructor. Él, Jesús, es el maestro constructor. Cada pequeño pedazo de "nuestra gloria" lo refleja a Él.

Conozco un constructor increíble aquí en Colorado Springs. Ha ganado incontables premios y muchos lo consideran el mejor constructor del estado. Una vez hice un recorrido por una de sus casas. Era un evento de puertas abiertas, y muchas personas estaban admirando su obra maestra, aunque ninguna de ellas sabía que el tipo que me acompañaba a ver la casa era el constructor. Pero yo sí lo sabía. Todos estaban asombrados resaltando el diseño, los materiales y la disposición, pero yo estaba cautivado con el hombre que estaba detrás de todo ello. Quería saber más acerca de su astucia y averiguar lo que le hacía pensar y trabajar de la forma en que lo hacía.

Quiero acercarme a Jesús de la misma manera. Él es el maestro constructor de nuestras vidas, pero nosotros no somos meros objetos inanimados como las tablas de madera que esperan para ser usadas. No, nosotros participamos en nuestra construcción (o deconstrucción, si lo prefieres).

> *Pero en una casa grande, no solamente hay utensilios de oro y de plata, sino también de madera y de barro; y unos son para usos honrosos, y otros para usos viles. Así que,* ***si alguno se limpia*** *de estas cosas, será instrumento para honra, santificado, útil al Señor, y dispuesto para toda buena obra.* (2 Timoteo 2:20-21, énfasis añadido)

Observemos la oportunidad de "limpiarnos" a nosotros mismos: Qué asombroso privilegio. Somos invitados a unirnos al trabajo de la nueva creación. No tenemos que ser espectadores ignorantes que simplemente pasan a ver la casa. Podemos aprender de la forma de trabajar del constructor, y por medio de su Espíritu, descubrir la belleza, el significado y la gloria de su trabajo en nosotros y a nuestro alrededor.

Aquel que *"irradia la gloria de Dios y expresa el carácter mismo de Dios"* (Hebreos 1:3, NTV) no se avergüenza de llamarnos hermanos y hermanas. ¿Se debe esto al hecho de que ahora tenemos su justicia imputada (ver 2 Corintios 5:21)? ¡No! La verdad es mayor que eso, pero no menos. Él no se avergüenza de llamarnos hermanos y hermanas porque ahora tenemos su Espíritu en nosotros, que nos permite vivir como Él y caminar siguiendo las huellas de la verdadera humanidad. Esto es la diferencia que somos llamados a conocer. En sus huellas encontraremos la gloria de la existencia.

"Sígueme", dice Jesús.

TÚ, EL SANTO

Una vez hablé en una iglesia de Texas donde un amigo mío es pastor ejecutivo. Al llegar al hotel, encontré una nota que decía lo siguiente:

> Tu sabiduría, humildad y valentía me retan a ser un mejor hijo, esposo, líder y amigo. Para mí, eres la representación del hombre de Hebreos 11:38. El mundo no es digno de hombres como tú.

Mi primer pensamiento fue: *¿Realmente puedo pertenecer a un grupo como ese?* Siempre me ha encantado Hebreos 11. Es una lista de hombres y mujeres que trastornaron nuestro mundo perteneciendo a otro. Forcé a mi mente a escoger la opción humilde y desechar las amables palabras del pastor. Rápidamente me recordé a mí mismo que yo nunca había separado el Mar Rojo o rescatado a una nación, pero sentía que Dios me estaba hablando a través de esa nota. Había algo profético que estaba sucediendo. El Espíritu de Dios estaba invitándome a ser contado entre ellos.

Cada uno de estos grandes hombres y mujeres (Moisés, Enoc, Sara, Daniel y muchos más) persiguieron lo invisible. Su fe los llevó más allá de las limitaciones de su mundo, creando nuevos campos en los que Dios podía moverse. Soportaron las dificultades mirando a Aquel que es invisible. El mundo no era digno de ellos, pero eran exactamente lo que este mundo necesitaba. Lo que les hacía radicalmente diferentes impulsaba el cambio, el glorioso cambio. Sus vidas acercaron a la humanidad hacia la gloria de la cruz, y ahora, debido a que todos somos nuevos en Cristo, tú y yo podemos unirnos a esta lista. Somos invitados a construir para el reino (ver Hebreos 11:39-12:2). ¡Podemos convertirnos en hombres y mujeres de Hebreos 11!

Tristemente, es más fácil pelear contra nuestra peculiaridad que construir para el reino. Este parece ser el trágico modus operandi del pueblo de Dios. Por eso Israel quería un rey: querían ser como las demás naciones. Un rey invisible no era suficiente, y lidiar con lo que no podían ver era extraño. Deseaban un mediador, un hombre apuesto que pudiera hacer de nexo de unión entre ellos y su Dios tan peculiar. Querían un hombre que fuera y oliera como ellos. Además, lo invisible no se puede manipular, pero la carne y la sangre se pueden quebrar, explotar y reemplazar cuando sea conveniente.

Nuestro Dios siempre ha provisto símbolos para identificar nuestra peculiaridad: la circuncisión, la Torá y las Bienaventuranzas, por nombrar unos cuantos. Cada uno de estos símbolos es extrañamente glorioso, y nos invita a ir más allá de las limitaciones convencionales. Estos símbolos y prácticas son, en esencia, caminos hacia una nueva forma de existir. Algunas de estas prácticas tuvieron su tiempo y su cumplimiento, y otras aún avivan nuestras vidas en el presente. Pero todas ellas nos recuerdan que hay vida más allá de lo que conocemos, sentimos y hacemos. Nos dan la bienvenida a lo trascendente: una forma de vida que va más allá del tiempo, el espacio y la cultura. Una vida gloriosa caracterizada por la singularidad y diferencia del Dios invisible, el Dios cuyos caminos son más altos que los nuestros porque son radicalmente *diferentes* a los nuestros.

"A lo cual os llamó [Dios] *mediante nuestro evangelio, para alcanzar la* ***gloria*** *de nuestro Señor Jesucristo"* (2 Tesalonicenses 2:14, énfasis añadido). ¿Captaste eso? Tu llamado es alcanzar la gloria de Cristo. Sí, la gloria de Cristo. De hecho, es su gloria la que une y distingue a sus santos tan hermosamente diversos (ver Juan 17).

Nuestras vidas pueden y deben trastornar los caminos del mundo, revelando una nueva manera de ser humanos. La evolución real y definitiva, por así decirlo. La humanidad que requiere la reiteración constante de la muerte y la rendición. La humanidad que desborda una clase de vida que no tiene fin. La humanidad que llega a todas partes, tocando a cada tribu, nación y lengua. Esta es la vida y la fraternidad para las que fuimos creados: una vida eterna que late con el ADN divino que se expresa de manera única a través de cada faceta de la creación de Dios. Esta es la buena vida.

Sin embargo, nada de esto puede ser personal hasta que creas que fuiste creado para la gloria. Sí, tú. La fe, en términos generales, no te hace ningún bien. La fe debe ser personal y específica. Dios dio a su Hijo por *ti.* Te guste o no, eres parte de la historia. Por mucho que patalees, o grites o lo niegues, la narrativa no cambia. La historia de la gloria no trata sobre otro lugar y otro tiempo, y sin duda no trata sobre otra persona. Se trata de tu corazón, tu vida y tu gente. Donde sea que te encuentres hoy, fuiste marcado para la gloria.

"En las eras venideras, seremos el despliegue visible de las riquezas infinitas e ilimitadas de su gracia y bondad, que fueron derramadas sobre nosotros por medio de Cristo Jesús" (Efesios 2:7, TPT, traducción libre). La pregunta es: ¿recibirás la plenitud de la gracia, la plenitud de Cristo? ¿Dejarás ir al viejo yo y te dejarás sorprender por el nuevo? Amigos, no hay nada que sea realmente asombroso fuera de este camino, que podríamos llamar el camino estrecho, o el camino a la vida. Desde este lugar de rendición, el Espíritu de Cristo obra en ti.

Si te sientes perdido o desorientado, no pasa nada. Todos estamos adentrándonos en algo *diferente* a lo que hemos sido hasta ahora. Pide ojos para ver. Pide al Ayudador que te guíe. Pide la capacidad de conocer. En tu humildad encontrarás fortaleza, una fortaleza para sumergirte en el temor, para creer que hay algo más, una fortaleza para estar abierto a recibir el misterio de la vida.

Con humilde confianza, encontrarás la fortaleza para participar de la belleza y el asombro del día final.

Si has llegado hasta aquí, ya no puedes negar quién eres. Después de todo, al que mucho se le da, mucho se le requiere.

Eres un santo. Eres una santa. Ahora conviértete en ello.

...Tus santos te bendigan.
La gloria de tu reino diga,

Y hablen de tu poder,
Para hacer saber a los hijos de los hombres sus poderosos hechos,
Y la gloria de la magnificencia de su reino.
Tu reino es reino de todos los siglos,
Y tu señorío en todas las generaciones.

Salmos 145:10-13

RECONOCIMIENTOS

Al amor de mi vida, Julianna: no hubiera podido escribir este mensaje sin tu fe, esperanza y amor. Todo lo que soy es tuyo.

A mis hijos: Asher, Sophia, Elizabeth y Augustus; gracias por abrir mis ojos para ver el amor del Padre. Que cada uno de ustedes vea de cerca lo que yo he visto solamente desde la distancia.

A mis padres, John y Lisa: su integridad, fidelidad y amor crearon un espacio seguro para que yo pudiera fracasar y crecer. Que mi vida siempre honre su legado y pasión.

A mis hermanos Austin, J. Alexander y Arden: ustedes me han amado y han luchado por mí en las buenas y en las malas. El modo en que me honran me inspira a ser el hermano mayor que ustedes merecen.

A mis compañeros de Messenger International: ha sido una de las grandes alegrías de mi vida poder trabajar con ustedes a través de los años. Gracias por empujarme hacia delante y hacer suyo este mensaje.

A Andrea: gracias por prestar tu experiencia, aliento y ojos de lince a este proyecto. Tu tierna fortaleza hizo que el trabajo de edición que yo pensaba que sería intimidante fuera más bien agradable.

A Jen, Patti, Mark, Abby, Anna, Jane y Gisèle: gracias por trabajar incansablemente en estas palabras y perfeccionar la estética. He disfrutado cada minuto de nuestra colaboración.

A Esther, Jill, Whitney y el equipo de The FEDD Agency: su entusiasmo y compromiso durante todo el proceso de creación me deslumbró. Gracias por todo lo que han hecho por este mensaje.

A mis queridos amigos, familia extensa y mentores: no puedo mencionar todos sus nombres por cuestiones de espacio, pero ustedes saben quiénes son. Gracias por ser mi gente. Su honestidad, apoyo y amor marcan la diferencia.

APÉNDICE

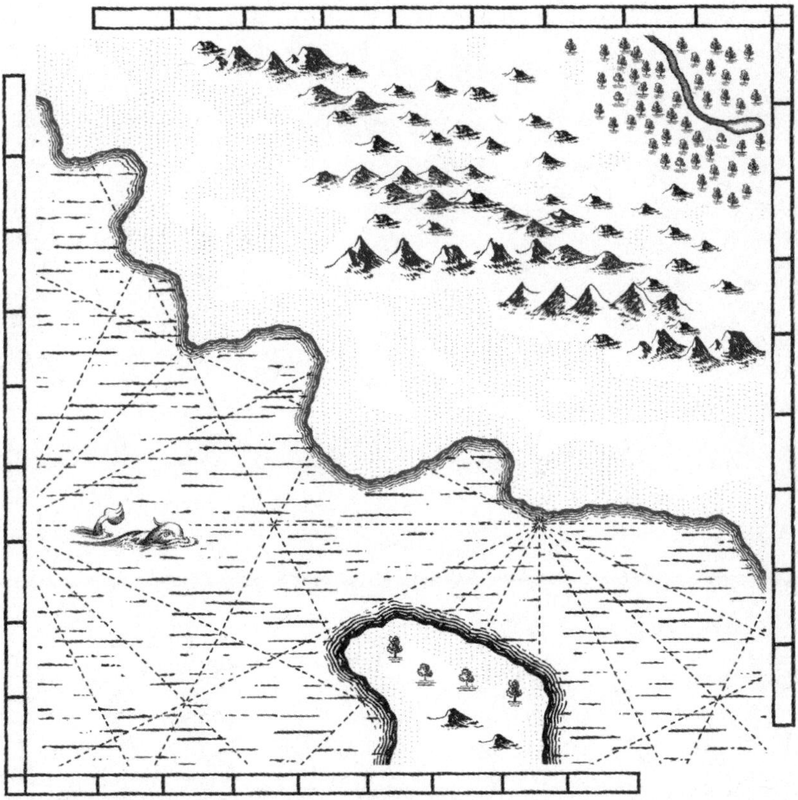

NOTAS

CAPÍTULO 1: LA BUENA VIDA

1. E. F. Schumacher, *A Guide for the Perplexed* (New York: Perennial Library, 1977), p. 38.

2. Eugene Peterson, *Run with the Horses: The Quest for Life at Its Best* (Downers Grove, IL: InterVarsity, 1983), p. 49.

3. N. T. Wright, *The Kingdom New Testament: A Contemporary Translation* (New York: HarperCollins, 2011), p. 19.

4. "Ella dará a luz un Hijo, y llamarás su nombre Jesús [la forma griega del Josué hebreo que significa Salvador], porque él salvará a su pueblo de sus pecados [es decir, les impedirá caer y perder el verdadero fin y propósito de la vida, que es Dios]" (Mateo 1:21, AMPC, traducción libre).

5. Hebreos 2:5-18 y Juan 1:1-14.

6. Esto es una combinación de Marcos 10:17 y Mateo 19:16.

7. Esto es una combinación de Marcos 10:18 y Mateo 19:17.

8. Esto es una combinación de Marcos 10:19 y Mateo 19:19.

9. Esto es una combinación de Marcos 10:20 y Mateo 19:20.

10. Mateo19:21.

11. Mateo 19:22.

12. Tanto Mateo 27:44 como Marcos 15:32 afirman explícitamente que los dos hombres crucificados con Jesús le profirieron insultos.

CAPÍTULO 2: SANTOS

1. V. P. Furnish, "saints", en *HarperCollins Bible Dictionary,* ed. M. A.Powell, rev. y actualizado ed. (New York: HarperCollins, 2011), p. 906.

2. Walter A. Elwell and Philip W. Comfort, eds., *Tyndale Bible Dictionary,* Tyndale Reference Library (Wheaton: Tyndale, 2001), p. 1151.

3. Parafraseado de C. S. Lewis, *Mere Christianity in The Complete C. S. Lewis Signature Classics* (New York: HarperCollins, 2002), p. 170.

4. Lewis, *Mere Christianity,* pp. 175-76.

5. Cathy Lynn Grossman, "Young Adults Aren't Sticking with Church", *USA Today,* 8 de agosto de 2007, https://usatoday30.usatoday.com/news/religion/2007-08-06-church-dropouts_N.htm.

CAPÍTULO 3: ESPEJITO, ESPEJITO

1. Juan 1:1, nota b, *The Passion Translation* (Savage, MN: Broadstreet Publishing, 2017), p. 579.

2. Dougan Clark, *The Theology of Holiness* (Gloucester, UK: Dodo Press, n.d.), p. 93.

3. Douglas J. Moo, *The Letter of James,* The Pillar New Testament Commentary (Grand Rapids: Eerdmans; Leicester, UK: Apollos, 2000), p. 90.

4. "Hubble's Mirror Flaw", NASA, actualizado por última vez, 3 de agosto de 2017, https://www.nasa.gov/content/hubbles-mirror-flaw.

CAPÍTULO 4: ¿TEMER O NO TEMER?

1. Isaías 11:2-3.

2. "Snakes Kill More Than 90,000 around the World", *Telegraph,* 3 de noviembre de 2008, https://www.telegraph.co.uk/news/health/3372712/Snakes-kill-more-than-90000-around-the-world.html.

3. Éxodo19.

4. Adaptado de J. I. Packer, *Knowing God,* 2ª ed. (London: Hodderand Stoughton, 1993), p. 138.

5. Adam Chandler, "Why Americans Lead the Way in Food Waste", *Atlantic,* 15 de julio de 2016, https://www.theatlantic.com/business/archive/2016/07/american-food-waste/491513/.

6. William Barrett, *The Illusion of Technique* (Garden City, NY: Anchor Press/Doubleday, 1978), p. 219.

7. T. S. Eliot, "Choruses from the Rock", en *Collected Poems, 1909-1962* (Orlando, FL: Harcourt Brace, 1991), p. 147.

8. Adaptado de "Life", por George MacDonald, en *Unspoken Sermons,* Serie 2, Classics Reprint Series (Create Space Independent Publishing,2016).

9. N. T. Wright, *Simply Christian: Why Christianity Makes Sense* (NewYork: HarperCollins, 2006), p. 67.

10. Gary V. Smith, *Isaiah 1-39,* The New American Commentary, vol. 15a (Nashville: B&H, 2007), p. 190.

11. El rabino Brian Bileci, un buen amigo, compartió este concepto conmigo.

12. La primera vez que escuché acerca de esta revelación fue en el libro de Rudolf Otto, *The Idea of the Holy* (London: Oxford University Press, 1950), p. 26.

13. Elwell and Comfort, eds., *Tyndale Bible Dictionary,* p. 1150.

14. Smith, *Isaiah 1-39,* p. 191.

15. Otto, *Idea of the Holy,* p. 28.

16. "H. A. Williams", en *The God I Want,* ed. James Mitchell (London: Constable & Co, 1967), p. 180.

17. *Ein begriffener Gott ist kein Gott,* Gerhard Tersteegen (1697-1769), https://www.azquotes.com/quote/1132440.

CAPÍTULO 5: ADENTRÁNDONOS EN EL TEMOR

1. *Merriam-Webster,* s.v. "intimate", consultado en línea 30 de octubre de 2018, https://www.merriam-webster.com/dictionary/intimate.

2. 1 Corintios 13:1, nota e, *The Passion Translation,* p. 833.

3. Lewis, *Mere Christianity,* p. 143.

4. Eugene Peterson, *Christ Plays in Ten Thousand Places: A Conversation in Spiritual Theology* (Grand Rapids: Eerdmans, 2008), p. 122.

CAPÍTULO 6: LA PALABRA CON P*****

1. W. Arndt, F. W. Danker, W. Bauer, y F. W. Gingrich, *A Greek-English Lexicon of the New Testament and Other Early Christian Literature,* 3rd ed. (Chicago: University of Chicago Press, 2000), p. 50.

2. AZ Quotes, consultado en línea 30 de octubre de 2018, https://www.azquotes.com/quote/571986.

CAPÍTULO 7: ADORACIÓN

1. "A. Stephan Hopkinson", en *The God I Want,* p. 119.

2. Parafraseado de Lewis, *Mere Christianity,* p. 168.

3. Wright, *Simply Christian,* pp. 236-37.

CAPÍTULO 8: EL LENGUAJE DEL AMOR DE DIOS

1. Gary D. Chapman, *The 5 Love Languages: The Secret to Love That Lasts* (Chicago: Northfield Publishing, 1992).

2. Mi mamá, la extraordinaria Lisa Bevere, explica esta revelación en su libro *Girls with Swords: How to Carry Your Cross Like a Hero* (Colorado Springs: Water Brook, 2013).

3. "Recibe mi amor" es mi paráfrasis de muchos de los versículos que encontramos en los Salmos, los Profetas y los Evangelios. "Mi gracia es suficiente para ti" es de 2 Corintios 12:9.

4. G. Kittel, G. W. Bromiley y G. Friedrich, eds., *Theological Dictionary of the New Testament,* vol. 3 (Grand Rapids: Eerdmans, 1964), p. 922.

5. Jean Vanier, *Becoming Human* (Mahwah, NJ: Paulist Press, 1998), p. 22.

6. N. T. Wright, "People of Hope: John 20:19-End", un sermón para el servicio ecuménico, 20 de octubre, 2011, https://www.irishchurches.org/cmsfiles/resources/Reports/IICM11_NT_Wright__Sermon_People_of_hope__20_october_20111.pdf.

7. MacDonald, "The Displeasure of Jesus",en *Unspoken Sermons,* Serie 3.

8. N. T. Wright, *Hebrews for Everyone* (London: Society for Promoting Christian Knowledge, 2004), pp. 48–49.

9. 1 Corintios 13:1, nota e, *The Passion Translation,* p. 833, énfasis añadido.

CAPÍTULO 9: DE REGRESO A LA VIDA

1. Anthony de Mello, *The Song of the Bird* (New York: Doubleday,1982), p. 96.

2. Nadia Kounang, "What Is the Science behind Fear?", CNN, Consultado en línea el 29 de octubre de 2015, https://www.cnn.com/2015/10/29/health/science-of-fear/index.html.

3. 1 Corintios 1:3, nota c, *The Passion Translation,* p. 801.

4. Dietrich Bonhoeffer, *The Wisdom and Witness of Dietrich Bonhoeffer* (Minneapolis: Augsburg Fortress, 2000), p. 44.

5. A. W. Tozer, *Jesus: The Life and Ministry of God the Son-Collected Insights from A. W. Tozer* (Chicago: Moody, 2017), p. 27.

6. Thomas Keating, *Intimacy with God: An Introduction to Centering Prayer* (New York: Crossroad, 2009), pp. 54-55.

CAPÍTULO 10: GLORIA

1. N. T. Wright, *How God Became King: The Forgotten Story of the Gospels* (New York: HarperCollins, 2012), p. 227.

2. Parafraseado de Gary V. Smith, *Isaiah 40-66,* The New American Commentary, vol. 15b (Nashville: B&H, 2009), p. 613.

3. Charles Haddon Spurgeon, *Gleanings Among the Sheaves* (1869), p. 57, https://www.azquotes.com/quote/703877.

4. Francis Frangipane, *Holiness, Truth, and the Presence of God* (Lake Mary, FL: Charisma House, 2011), p. 21.

5. Thomas Aquinas, *Summa Theologica,* II-II, q. 24, a. 3, ad. 2.

ACERCA DEL AUTOR

Addison D. Bevere es un hombre que aprecia las cosas simples de la vida: pasar tiempo jugando con sus cuatros hijos, conversaciones nocturnas con su esposa, palabras interesantes que nadie usa, un día de trabajo productivo y, por supuesto, un buen libro. Addison también es el Jefe de Operaciones de Messenger International, una organización que impacta la vida de millones de personas en más de 150 países a través de varias iniciativas, y el cofundador de SonsAndDaughters.tv. Para saber más sobre él, visita AddisonBevere.com.